賀来周一

KAKU, Shuichi

土の器なれども

講演・随想・召命

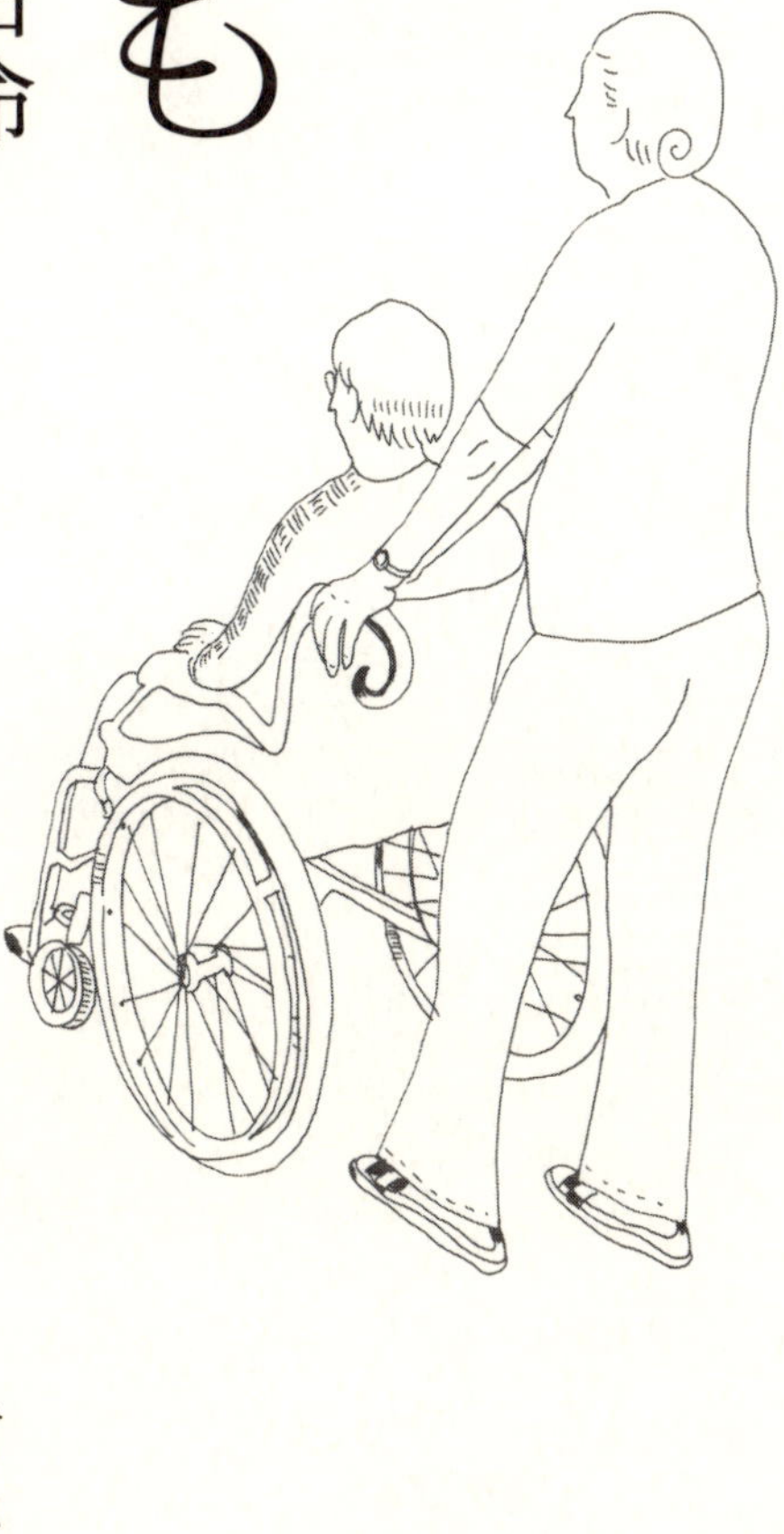

キリスト新聞社

まえがき

ところで、わたしたちは、このような宝を土の器に納めています。この並外れて偉大な力が神のものであって、わたしたちから出たものでないことが明らかになるために。わたしたちは、四方から苦しめられても行き詰まらず、途方に暮れても失望せず、虐げられても見捨てられず、打ち倒されても滅ぼされない。わたしたちは、いつもイエスの死をこの体にまとっています、イエスの命がこの体に現れるために。

（コリントの信徒への手紙Ⅱ四章七―一〇節）

本年をもって米寿を迎えることとなり、キリスト新聞社よりのお勧めによって、これまでの人生の歩みの一端を本にすることとなりました。

三部から成り立っており、第一部講演録には、これまでライフワークとしてきたキリスト教カウンセリングの広がりとでもいうべきものが盛り込んでありますが、キリスト教信仰を土台に置くカウンセリングがどのような具体的な働きをするのかを汲み取っていただけるなら幸いです。

第二部随想については、筆者自身が折々に感じたことを信仰者としてどのように受け取ってきたかを短いエッセイにまとめ、第三部には幼児期より教会に馴染んできた者が、どのようにして牧師たるべく召され、どのような思いを持って、歴任した教会の伝道牧会をしたか、その体験を振り返って書き起こしました。また三十年余の牧会を経て、ルーテル学院大学附属人間成長とカウンセリング研究所（現在は新しくデール・パストラル・センターとして発足）のカウンセリング活動に参加するに至った経緯、そのための訓練、またカウンセリングや牧会の経験を神学教育に活かすため神学校また大学の専任教員となりましたが、その働きにも触れました。

元々、筆者はボーンクリスチャンで、鮮烈な回心の経験をしたわけではありません。教会は、筆者にとって、幼児期より今日までごく普通の風景でありました。しかし、当然のこととして、人生につきまとう浮き沈みは、さまざまな出来事を与えてくれましたが、不思議にも時に応じて、主は必要な道を開いてくださいました。行き止まりと見えた道に新しい道への標が立っており、砂漠に足を踏み入れたかのように迷う時は、どちらの方角を選ぶか、その歩みの中で自ずとで、与えられました。ドラマティックな展開はありませんが、まことに土の器に過ぎない者を主は用いてくださいました。その感謝の思いを十分とは言えないながらも本書に込めたつもりです。

賀来周一

土の器なれども　目次

第二部◆随　想

第二部◆召　命

第一部 講演

いやしとスピリチュアリティー

今日は「いやしとスピリチュアリティーの関係を考える」というテーマでお話し申し上げようと思い、三つの事例を「いやし」ということとスピリチュアリティーの関係の事例という意味で取り上げて見ました。

僕は神さまから愛されている

私はここ五十年近く重症心身障がい者の問題に関わってまいりました。その中で六人洗礼を受けています。四人はすでに召されました。この人たちは出生以来、小児麻痺で話すこともおぼつかないという人たちです。ほとんど寝たきりです。ですから全介助――すべてのことに他人の手を借りなければなりません。食べることも、排泄することも、寝起きすることも、入浴することも、すべて人手が必要です。

毎年夏になると、「健常者」と私たちが普通呼んでいる青年たちと重症心身障がい者たちとが共同キャンプをしてきました。私は健常者と障がい者の区別の仕方をしたくないのですけれども、便宜上、そう言葉を使わせていただきます。一週間、健常者の青年と障がいを抱えた青年たちが寝起きを共にするわけです。衣服の着脱、食べること、排泄すること、入浴まで、すべて青年たちが手伝います。

一人の障がいを持った青年がいました。彼はその頃、十六、七歳だったかと思います。五年ほど前に亡くなりました。キャンプでは、毎日就寝前に振り返りの時間を持っていました。今日一日、何が起こったか。どういうことをしてきたか。どういう思いを持ったかを皆で話し合うのです。

健常者たちが障がい者をまるく取り囲み、障がい者は、その中に横たわっています。一人の健常者で知力・体力に優れた青年が「僕たちのような健康に恵まれた人間は、こういう障がいを持った人たちのために何ができるか、考えよう」と言ったのです。

そうしますと、床に寝ていた障がい者の青年が訥々《とつとつ》とした言葉で「それは違う」と言うのです。「あなたと僕は同じだ。なぜ同じか。神さまから愛されているから」と言いました。

私たち健康な人間は、こういう人のために何ができるか考えようと言った青年は、後から私のところに来て「私は人間というものを、できる人間とできない人間に分けて考えていた。間違っていました。人は〈いる〉ということでは皆同じですね。これから人間を見る目を変えます」と言ってきました。

病の床も恵みの時

一人のガンを患った中年のクリスチャンの女性がおいででした。この方はある大学の付属病院のふたり部屋の病室に入院されていましたが、隣の方がある宗教の信者さんでした。

私が見舞いに行きましたら「先生は私のところに見舞いにいらっしゃると『病気の時も恵みの時』とおっしゃいますね。でも、嘘でもいいから『信仰があるから病気が治る』と言ってくれませんか」とおっしゃったのです。そう言った後、私の顔を見てニコッと笑って、「でも先生、病気の時も恵みの時というのは本当ですね」と言ったのです。それから、ほどなく亡くなられました。

なぜそう言われたかというと、隣の人のところにやって来た見舞いの人が、その女性の所にも寄ってきて、「あなた、キリスト教なんか信じているから病気が治らないのよ。キリスト教なんかやめて、私たちの宗教を信じなさい。そうすると病気が治るから」と言われたそうです。でも、医学的には治らないことは分かっていました。だから「嘘でもいいから信仰があれば治ると祈ってください」と言って、その後「でも病気の時も恵みの時というのが本当ですね」と言葉を続けられたのです。治りたいという気持ちは持っているけれども、治らないという現実を受け容れるためには「この病気の時も恵みの時」と思うことは、自分にとって〈本当〉である。真実であるという告白をされたのです。

「お委ねします」

もう一人の方は、三十代半ば頃に夫をガンで亡くされました。まだ二人の子どもも小さかったときです。自分で仕事をしながら、二人のお子さんを育て上げて、やっとこれから少しは楽になるかなと思った時に、自分自身もガンになられた。息子さんから私のところに電話があり、「母が父と同じようなガンになりました。ついては、父は病床洗礼を受けているから、母が父と同じように病床洗礼を受けたいと言っております」とのことでした。そこで早速病院を訪ねました。ずいぶん昔のことでしたから、記憶をたどりながら話をしていました。

数か月ほど経った頃、「母がもう間もないとお医者さんから言われておりますから、先生、病床洗礼をお願いいたします」と息子さんから電話がありました。

すぐさま病院に行き枕元に座って様子をうかがい「病床洗礼をお受けになりますか」と言いますと、「私は教会に行ったこともないし、聖書を読んだこともない。でも、お委ねいたします」との返事が返ってきました。つまり神さまにすべてをお委ねしますという意味で「委ねます」とおっしゃったのです。これから先のことは、もはや私の手の中にはない。神さまの御手に「委ねます」という気持ちをその言葉に見て取り、早速洗礼を施すことにしたのはいうまでもありません。

夫を先に亡くされ、長い間の苦労の時代が続き、日曜日の休みもない生活でした。「教会に行ったこともないし、聖書を読んだこともない」とは正直な告白です。通常ですと洗礼準備の時を持つのですが、その時間は許されていません。すべてを神さまに委ねて洗礼を施したのでした。

さて、この三人の方の例を取り上げたのですが、それぞれの方に共通するのは、自分を超えた次元の中に自分の身を置いて、自分の生き方死に方を決められたわけです。これこそスピリチュアルな世界に身を預けて生を全うした例と申し上げてよいと思います。

本当の自分になる

ここに取り上げた三人の人たちは、〈本当の自分〉に出会ったと言ってよいでしょう。〈本当の自分〉として自分がそこに見えるのならば、人に影響を与えます。人の心に響く生き様がそこにあるからです。これは、ある意味で、いやしの結果です。病気であろうと、治癒しなくても構わない。〈本当の自分〉がそこにいる、これが本当の意味でいやされた者の姿だからです。しかも、そのいやしの価値を他者とも分かち合っている。これは素晴らしいことです。そのことを、三人の人たちは障がいや病を通して示してくれました。

いやしのためにどのような援助があるか

その点について、視点を広げて考えてみたいと思います。人が何か心配事を抱えるとか病気になったという時には、幸せでありたい、健康でありたいと願います。この願いを実現するために、私たちは現代社会が持っている援助資源に答えを求めるに違いありません。医療、心理臨床、そして社会福祉の領域がそうです。これらは、私たちが願う健康と幸せを獲得し維持するための社会資源です。

これらの、現代社会が持っている医学と心理臨床と社会福祉の援助資源が、私たちに提供する答えはどういうものかというと、「もう、これであなたは大丈夫ですよ」という答えです。でも、「あなたはもう大丈夫ですよ」と言われただけでは「そうです」という言葉はなかなか出にくい。「まだ、これじゃ、もう少し。まだ他にもっと何かないか」と、大体そう思います。答えを自分に預けられると、自分が揺れるのです。

しかし、そのままでは困るので医療や福祉また心理の分野では、「もう大丈夫だ」という答えを裏付けする証拠（evidence）となるものが提供されます。それは援助する側にも援助を受ける側にも客観的に認識できるはずなので、それを根拠に安心するのです。

「大丈夫だ」という答えを保証する根拠がないところに身を置いた人は、放り出されたような気持ちになるでしょう。その場合、多くは「私たちはできるかぎりの手は尽くしました」、「規則で決まっていますから」という言葉で締めくくられることもあるのです。そうなると援助を受ける側は途方にくれるほかはありません。

言語のやりとりに重点を置くカウンセリングの場合は、大丈夫を保証する証拠を取り出すことは非常に難しくなります。その結果、最終的に「あなたは自分の問題を自分で責任を持ってできるようになりました。これからは、前に向かって進むことができる。あなたはもう大丈夫ですよ」と答えを自分に預けられることが多い。でも「あなた大丈夫ですよ」と言われて、「はい、安心しました」という人はあまりいないのです。どうにもならなければ最終的には自分に答えが預けられる。どこかに不安が残る。それが今の社会の援助の限界と言わねばなりません。

言いたいことは、現代社会がいやしを求める人に用意をした援助資源は「もう大丈夫ですよ」という答えを保証する証拠が適応可能であるかぎり成立をしますが、そうでなければ、この社会では答えのないところに身を置かねばなりません。

はじめに紹介した三人の人たちは、現代社会が用意した「いやし」の外に置かれた人々です。言い換えれば、この社会に答えを持ち得ない人たちでした。でも、「自分を越えた存在」と出会うことで、答えのないところを生き、また死ぬ自分のありかたを外からの恵み、また自分の外に委ねる決断に表現することができたのです。

メタ認知の視点

自分という人間を外から観る立場について、「メタ認知」という心理学で使う用語があります。「メタ」というのは、上からという意味です。つまり、上から自分を観る。やさしい言葉に言い換えれば、自分を見る自分を持つということです。自分というものを外から見れば、自分が何をしているのか、誰とどういう関係を持っているのか、自分を取り巻く環境はどうか、自分は何を考え、何を感じているかが客観的に分かる。それが「メタ認知」で、自分という存在を知るための大事な視点、立場です。自己を相対化するという言い方で説明することもできます。

しかし、その場合注意しなければならないことがあるのです。自分を絶対化しないことです。自分を見る自分を持つということは、自分を測る自分がいるようなことですから、うっかりすると自分の測り方が一番正しいとか、自分のやっていることは間違いがないとか、そういう見方になってしまう危険を孕《はら》みます。それを避けるには、自分は間違っているかもしれない、自分の判断はこれでよいかと自分を振り返る絶対尺度を自分の外に持つ必要があるのです。

私の専門は交流分析ですが、その中に「火星人になる」という言葉があります。遠いところから自分を見るということの比喩です。火星人になって自分を遠くから見ると、何が見えるかというと、自分と自分を取り巻く世界がよく見えるのです。先ほど触れたメタ認知と同じです。自分というものが客観的に見えて相対化されてゆくのです。

期待される究極的な答え

しかし、自分を相対化するだけでは、私たちが求める究極的な答えにはなりません。そのあたりの事情をさらに深めて、私たちが求める「究極の答え」についてお話ししたいと思います。

なぜ人は究極的な答えを求めるのでしょうか。究極的な答えとは、何が起ころうと、たとえ病気であろうと不幸であろうと、これさえあれば大丈夫。これがあれば自分は前に向かって生きることができる支えのようなものです。信仰的な表現をすれば、究極的な存在者である神から自分を見ていただく世界ということでしょうか。それを「スピリチュアルな関わり」と、ここで私は表現いたしました。それはキリスト者の立場から言えば、神から私たちを見ていただく信仰の世界と申し上げてもよいかと思います。

神から見ていただくという世界ですから。ヨハネの手紙Ｉ四章一〇節には「わたしたちが神を愛したのではなく、神がわたしたちを愛して……」という言葉があります。神から愛される、神から信頼されることです。別の表現をすれば、神が私をどう見てくださるかということです。そうなると神から愛された自分、神から信頼された自分がいるわけで、自分が主役になって生き死にを決めようとしている自分がいるわけではない。神が主役になってくださって、私は、そのお方の御心のままに生きている。神は究極的なお方です。そのお方のもとにあることによって、自分に縛られた生き方から解放され、外なる方の力によって生きる自分を発見するのです。

けれども「神」というお方は、よく分かりません。誰も見たことがないからです。世界で一番分からないのは自分と神だとよく言われます。なぜ自分が分からないのか。自分の本当の顔を見たことのある人はいないからです。鏡で見ても左右反対ですから。本当の顔というのは分からない。他人は自分の顔を見ていますが、自分は自分の本当の顔を見ることはありません。そういう点では、人間というものは自分を知らないのです。神も見たことがないから、いるかいないか分からない。しかし、人間は自分を超えた究極の存在を知りたいのです。

ファーブルという『昆虫記』を書いた人がいます。ファーブルに「あなたは神さまを信じているのですか」と人が尋ねますと「僕は神さまを毎日見ている」と言ったそうです。昆虫の世界というのは、まことに不思議な世界なのです。ミツバチがなぜ蜂蜜を集めてくるのか。人間はその仕組みを知りません。なぜチョウはさなぎからふ化して、美しい羽根を持ったチョウに変わるのか。分かりません。昆虫の世界というのは、それこそ創造の神の御業を直接見るようなものです。だからファーブルは、信じるとか理解するではなくて「神さまを見ている」と答えたのです。しかし人間は、そういう世界を通して神という究極的な存在に否応なく心引かれるのです。

スピリチュアルな関わり

芸能人の葬式の場面をテレビで見ることがありますが、親しい友人が亡くなった人の写真の前で弔辞を述べるとき「また会いましょう」という言葉を使っているのに気が付きます。たぶん信仰という世界とはあまり縁のない方々であるかと思いますが、それでも「また会いましょう」あるいは「天国でゆっくりお休みください」と言う人もいます。それは、目に見えないけれども、そこに人間が求めて止まない真実があるような気がするからでしょう。

私どもは亡くなった方のお墓に行きますね。「千の風になって」という歌の中で「私はここにいません」と歌われています。それはそれで一つの考え方ではありますが、多くの人はお墓に行けばそこであたかも亡くなった人と会える思いを持ちます。そこには目に見えないけれども、人間にとってなくてはならない真実の世界が広がっているのです。「お墓に行ってお骨を拝んでも死んだ人間がいるわけでなし、死んだ人と会うなんて、そんなことは妄想だよ」と切って捨てられない世界がそこに広がっている。私にとってはなくてはならぬ真実がある。そういう世界がスピリチュアルな世界であると言えましょう。

私は時折、看護師さんたちに死の看取りということでスピリチュアルケアの話をすることがあります。「また会いましょうという言葉は大事ですよ」という話をしていたときのことです。ある病院の看護師長さんが、話が終わってから、私のところに来て「自分は無宗教だから、とくに神さまを信じているわけではないけれども、患者さんのところに行ったとき、この方が間もなく亡くなることは分かっていても、つい、帰り際に『また会いましょうね』と言って帰って来る習慣がついていました。今日、先生が『また会いましょう』というところに真実があるとおっしゃってくださったから、私はこれから安心して『また会いましょう』と言おうと思います」と言われました。それまでは亡くなると分かっているけれども、言わないと気が済まないから、自分のために言っていたようなものだと考えていた。でも「また会いましょう」が大事な言葉であることを知りましたと、その看護師長さんがつくづく言われました。人は自分の理性を超えた世界をどこか心の中で大切にしているのだと思います。

先だって、私は夫を亡くした方の葬儀に出ました。そこで、私は次のような話をいたしました。「生きている人がカウンセリングすることはあるけれども、まだ生きている以上、どんな優れたカウンセラーでも完全な答えをくれません。しかし、死んだ人は自分の全生涯を通して答えをくれるから、完全なカウンセラーになりますよ。だから困ったことがあったら、どうぞ夫の写真の前に座って『あなた、私は今困っているのだけれども、何かいい答えがないか』と聞いてください。そうすれば、きっと完全な答えをくれますよ」と申し上げました。するとその方は「それは良かったわ。私の相談相手ができた」と安心した面持ちを浮かべられたのです。

死んだ人は、とても良いカウンセラーです。そしてパワフルです。私たちは死んだ人を使って子どもの躾《しつけ》をすることだってあります。「そんないたずらをすると亡くなったお父さんに言いつけますよ」とか、「お父さんはいつもこう言っていたでしょう！　お父さんの言うことを聞かないとダメ」などと言って子どもを叱ることがあります。生きている人間より死んだ人のほうがよほどパワーを持っているのです。だから死んだ人を引っ張り出してきて、子どもを躾けたり、叱ったりするのです。これもスピリチュアルな世界の一つでしょう。案外、私たちが身近なところにそういった世界を持っている証拠でしょう。

WHOが提唱する「スピリチュアリティー」

そのことを改めて大事なこととして提起したのがＷＨＯ（世界保健機関）です。ＷＨＯは一九九八年健康について定義を提起しました。これは委員会レベルでは決議されていますが、まだ総会決議には至っていませんので、ここでは主張と申し上げておきましょう。

以下のように示されています。

健康とは身体的、精神的、社会的、スピリチュアルな状態が完全に動的な良い状態にあること——何らかの疾病、虚弱性がないことではない。

「良い状態にあること」とは、満足した気持ちで受け止めることができる自分の身体、また生活の状態をいいます。英語では"well-being"と表現しています。「何らかの疾病、虚弱性」ということは、病気であるとか身体が弱くてうまく生活ができないことを意味しており、こうした状態が〈ない〉ということでは〈ない〉と主張しています。病気でもよい、生活上の心配事があってもよいという主張なのです。そのためには、心理的な、社会的な、スピリチュアルな状態が、活き活きとしていなければならないというのです。

「スピリチュアル」という用語が付加された意味

そして、この主張に「スピリチュアルな」という言葉が加えられています。これ以前の健康の定義には「スピリチュアル」という言葉が入っていないのです。

ＷＨＯが健康の定義を出したのは非常に古く、一九四六年には、健康の定義の母体になることを言い出しています。それがずっと長く続いて、健康というのは身体のことと心理的なことと社会的な状態が良好であれば健康であると言ってきたのです。同時に、何らかの疾病や虚弱性がないということではないということも、ずっと言い続けてきたのですが、新しく主張された定義には、三つの状態に加えて、スピリチュアルな状態が付加されたのです。ただし、この新しい定義の主張は総会では決議されていないと申し上げました。しかし、このスピリチュアルな状態は非常に重要な要素なので、あえて取り上げました。

それは目に見えない、自分というものを超えた存在と結びついた状態が人間の健康には必要だと言っているのです。そして、この「スピリチュアル」という言葉は宗教性の高い言葉で、単なる精神的とか神秘的なというような世界とは違うのです。

宗教性が高い用語なので、これが引っかかって、なかなか総会決議にまでは至っておりません。それはイスラムの人たちはイスラムの教えと関連付けるでしょうし、アジアでは仏教もあれば神道もある、そしてヨーロッパの方にいくと、キリスト教が主流ですから、「スピリチュアル」というとキリスト教と結びつく。そうなると、ヨーロッパと中東とアジアとが三つ巴になってしまう。委員会レベルでは決定したけれども、WHOの総会では決議にはならないのです。

これは難しい世界です。「宗教」という言葉を使うと、既成宗教を思い出してしまうからです。キリスト教のことか、仏教のことか、神道のことか……というように、私たちはついつい考えてしまいます。けれども、WHOが主張しているのは、そういう意味での宗教性ではありません。健全で成熟した宗教ならば、必ず基盤に持っているものがある。キリスト教であろうと、仏教であろうと、神道であろうと、基本に持っているものがある。そのことが次第に共通理解されるようになってきました。

日本でその機会を作ったのは、東日本大震災でした。被災して亡くなった方の遺体を荼《だ》毘《び》に付すときに、牧師と僧侶と神官が一緒になって、自分の宗教に基づきながら祈りを捧げることが行われるようになってきたのです。なぜかというと、多くの人が津波で流されました。一家全部が亡くなってしまったケースもあるのです。そうすると、その方がどういう宗教であったか分かりません。それで遺体を荼毘に付すときに、三つの宗教が協力して、祈りを捧げて亡くなった方々を悼むようになったのです。被災地では火葬する施設が足りませんでしたから、東京の大田区の火葬場が遺体の火葬を請け負いました。大田区の牧師たちも、そこに呼び出されて火葬炉の前で祈りを捧げました。お坊さんと神主さんと牧師たちが三者三様に祈りを捧げたそうです。その点では、この「スピリチュアル」という言葉は具体的な宗教間協力を生み出したと言えるでしょう。

キリスト教カウンセリングセンター（CCC）では、東日本大震災のときに被災地からの相談電話を受ける手筈《てはず》を整えたのですが、最初に受ける電話は仙台のお寺に置きました。そのお寺のご住職がかかってきた電話を取り、相手がキリスト教カウンセリングセンターに繋いでほしいと言えば、キリスト教カウンセリングセンターで受けるようにしました。これも宗教間協力の具体化のひとつであると思います。

スピリチュアルということが単なる概念であれば、このような宗教間協力は生じなかったことでしょう。なぜそのようなことが起こるかといえば、宗教というのは経験する世界を与えるからです。哲学は考える世界を、宗教は経験する世界を私たちに与えると言いますが、宗教というのは、教義を持っていますが、同時にその教義を自ら経験する世界を持っているはずです。そういう意味で、宗教は経験する世界を与えるのです。経験することに重要な意味があるわけです。経験するというのはどういうことかというと、いわゆる「自分を超えて働く力」で動かされて、励まされたり、勇気づけられたりすることをひしひしと感じるような世界を経験する。そういう世界を与えてくれるから、宗教性ということが非常に大事なのです。

スピリチュアリティーとは

スピリチュアリティーとは、健全で成熟した宗教に共通する本質的な要素であることは確かなことです。「健全で」ということは、まず過去の歴史に責任を持つ宗教であることを意味します。いかなる宗教も、この世の歴史の中では過ちを犯してきました。キリスト教もその例外ではありません。中世の魔女狩りでは、魔女だと決めつけて火あぶりの刑を処したという残酷なことも歴史の中には残っています。誤った歴史の事実に責任を持ち、悔い改める態度を謙遜に持つということ、それが健全な宗教の印です。

過去を否定して新しい価値観を持ってこの世に出てきた宗教であるというような言い方をするのも健全ではありません。それは過去に責任を持たないからです。こういう宗教はよくカルト宗教によく見られます。カルト宗教は、自分の考えに凝り固まっていて、反社会的であったり、自分たちだけが正しいとし、他の宗教を認めることがありません。神秘的な現象を信じるオカルト宗教についても同じことが言えるでしょう。

「健全な」に加えて「成熟した」とは、多様な価値観を受容することができることを意味します。自分たちの信仰とは違う価値観の中で成立している他宗教であっても、それを受け容れていく懐の深さを持っているのが成熟性なのです。これはすべてをないまぜにすることとは違います。単純にあらゆる宗教はすべて同じだとは言えないからです。それぞれの宗教は、それ自体の主体性はきちんと持っています。そのことを大切にしながら、他者の価値を受け容れていく。それが成熟した宗教というものです。

自分の信じる宗教がそれぞれに主体性を保つことは重要なことです。同時に他者は他者の道を歩いていることを尊重しながら他者を受け容れる態度が成熟したありかたと言えましょう。受容と承認とは違うのです。承認するということは自も他もないまぜにしてしまうことになりかねません。受容するということは、懐深く包み込むことです。

スピリチュアリティーを必要とする援助現場

スピリチュアリティーを必要とする援助現場のひとつが「死の看取り現場」です。死んでしまえば万事お仕舞いで終わっては、何の意味もありません。生きている間に、これほどの業績を挙げた、それだけが人の価値なのでしょうか。

誰であれ、「死の向こう側」を、ある程度心の中で思い描いているものです。死んだら何もないという人もいます。何もないという世界を死の向こう側に描いているのです。

看護師さんたちのところでスピリチュアルケアの話をしたときのことです。看護師さんたちが私に尋ねられたことには「患者さんが『こうなったら死んでしまいたい』と言っています。こういう時に何と言ったらよいのでしょうか」ということでした。

医療関係者でなくても重篤の患者さんを訪ねたとき、病床の患者さんからそのような問いかけをされた経験をする場合は少なくありません。とくに親しい関係にある間柄であればあるほど、そのような問いかけを相手から投げかけられて答えに窮することがあります。

私は看護師さんにこのように答えました。

「何と言ったらよいかと言われても模範解答なんてありませんよ。人間が生き死にがかかった問いを問うときは、自分にとって無意味な重要でない人には決してそういう問いかけはしないものです。『こうなったら死んでしまいたい』とは、あなたご自身が、その患者さんから見て重要で意味のある人物と映っているのです。だからそういう問いかけをするのです。そのときはあなたの存在そのものが患者さんにとって重要な意味があると無言のうちに訴えているのです。そのようなときには許されるかぎり患者さんのそばにいてあげてください」

「何もしなくてもいいのですか」と尋ねられたので「何もしなくてもいいです」と答えました。「ただ看護師さんだから、看護師の仕事がしたくなるかもしれない。でもあなたの存在そのものが重要な意味を持っているのです。もちろん、あなたは看護師だから患者さんの病状はよく知っているはず。場合によっては体をさすってあげるとか、髪をやさしく撫でてあげるなどはできるでしょう」と付け加えたのは言うまでもありません。

ある看護師さんは「しかし、先生、死にゆく人の枕辺で何もしないで傍にいるのは大変ですね。私も辛くなります」と言われます。「あなたもいずれ死にます。共に死ぬ人間として一緒にいてください。そうすると一緒にいることができますよ」と答えました。後でその看護師さんが私のところへやって来て、「私もやがては死ぬのだからと思って、患者さんの傍にずっといました。死の向こう側に何かあると想像すると楽になりますね」と感想を述べられました。死の向こう側に何があるかは想像する以外にありません。しかし、そこに死へのプロセスを共有する関係が生まれています。

宗教改革者ルターが言ったと伝えられている「明日が世界の終わりでも、私は今日リンゴの木を植える」という言葉があります。明日が世界の終わりならば、リンゴの木を植えたって仕方がないのです。けれども、明日世界が滅びてしまうとしても、今日リンゴの木を植えるというような死に方ができたら、もっとも望ましい死に方であると教えている言葉なのです。この言葉が成立するためには、死の向こう側にもうひとつの世界が広がっていなければなりません。スピリチュアルケアの現場でよく聞かれるこの言葉は、死の向こう側の世界がなくてならぬことをよく教えています。そのとき、自分にとって意味のある誰かが傍にいてくれれば今日の死を明日の命へと穏やかに繋ぐことができるでしょう。

スピリチュアルケアのありかた

スピリチュアルケアのありかたの一つとして、「寄り添いタイプ」があります。まだ認知能力があって、コミュニケーションが残っている人との間には「寄り添いタイプのケア」——言語によるコミュニケーションができる場合です。その場合には耳を傾けてよく

「聴く」という作業は、いかなる援助活動であれ、必須の土台となる作業で、これなしに人のこころに届く援助活動は成立しません。

東日本大震災の被災地を回って援助する団体の中には、キリスト教関係の人たちがたくさんいました。その中の一つの団体から『被災地に立つ寄り添いびと』という書名で全国図書館推薦図書になっている本がキリスト新聞社から出ています。大企業はカップラーメン等やあるいは生活必需品や医療器具などを大量に送り込んで来るのですが、自分たちはそんなことはできないから、「必要なものはありませんか」と言いながら仮設住宅を一軒一軒聞いて回ることから始めたそうです。そうすると、食べるものはないかとか、子どもの守りをしてくれとか、病院に連れて行ってくれとか……、いろいろな細かい頼み事に対して、イヤと言わないで、どんな小さい要求にも応じた木目《きめ》の細かい援助の手を伸ばしたのです。

たまたまある仮設住宅を訪ねたとき、一人の老婦人に「何か必要なものはありませんか」と聞いたら、「今のところ間に合っているから大丈夫だけれども、あなたたちが来てくれると元気になる。何しろあなたたちはキリストを背負って来るからね」と言われたそうです。キリストを背負って来るということは目に見えません。けれども、ともかくこのように「何か必要なことはありませんか」と聞いてくれることで元気になっていく。別に援助物資をもらうことで元気になるわけではありません。言葉で元気になっていくということです。そういうことがあったと、その本には書かれてありました。それこそまさにスピリチュアルな寄り添い人です。

さらにコミュニケーション能力がなくなった人の場合を考えなければなりません。そこで大事になることは、意味のある象徴を通してのケア——儀式、絵画、美術作品、音楽、生け花、植栽、生活空間、自然の景観、意味のある人の存在です。つまり、意味のある象徴というのは、絵を見たり、聖人の像を見たり、彫刻を見たり、いろいろなシンボルを見たりすることです。

教会にはよくシンボルがありますが、お寺さんだってたくさんシンボルがあります。目に見えるシンボルもありますが、目に見えないシンボルもあります。それらを通して、自分が勇気づけられる。自分の〈生死〉の本質を教えてくれる世界を見出すのです。こうしたシンボルを通して、生きること・死ぬことの本質に触れる。それもスピリチュアルケアのありかたです。言葉ではない、非言語的な世界です。

ホスピスにおいでになった方はご存じでしょうが、ホスピスはすべてが奇麗に整えられています。人の動きも静かです。生活空間もよく整えられています。

ロサンゼルスのハリウッド近くに「リンハウス」というエイズ・ホスピスがあるのです

が、見学に行ったことがありました。そこに入ってだいたい三か月が生存期間と言われています。行くといろいろな場所にベッドが用意されていて、ある人はテディーベアの中に埋まって寝ていました。またある人はバラの造花でベッド周りを飾って、まるで女王様のように寝ている人もいました。すべてそれらは、当事者にとっては意味のある象徴なのです。それで身の周りを飾るとやがて訪れる死の恐れから解放されて気が休まるのです。リンハウスの入所者は皆明るいのが印象的でした。「ここに自分が休む場所を与えられて感謝している」、「おそらく自分はもう少しで死ぬだろうけれども、ここでケアを受けることに感謝している」と言っているのを聞くと死を間近に控えている人の言葉とは思えませんでした。

スピリチュアルケアは言葉の世界だけではありません。何か自分を包み込むもの——目で見て、手で触って、自分が生きる世界を見出すような世界もあるのです。

あるとき、東京の西部にある清瀬市の救世軍のホスピスに教会の人が入院しました。緩和ケアがなされているので痛みがなく、庭を散歩すると言って出ましたと看護師さんから聞いて、病室で待っていますと、戻って来て「先生、今日はとてもいいことを発見しました。庭を散歩していたら敷石の間から小さい白い花がちょっと顔を出して、まるで私みたい」と言われました。

健康な時にはそんな花は目にとまりません。しかし死にゆく人はあらゆることに敏感になります。敷石の陰から出ている二ミリか三ミリの白い花です。それが健気に生きているから自分のように見える。小さな花に自分を重ねて、本当の自分を見出してゆくのです。それも意味のある象徴が見せてくれる一面です。

「私の物語」を作る

死にゆく人というのは必ず死の向こう側に何かを求めているのです。「死んでしまえばお仕舞いよ」と人間はなかなか言い切れない。やはり、死んだ後に何かあるというのが望みなのです。

その時に「天国」というのはとても便利な言葉です。「天国に行く」といっても、この世の知恵では実際に（天国が）あるかないか分からない。しかし、行く場所がないと困るのです。死んだらどうする。天国に行く。そしてもう一度会いたい。だからまた会いましょう、と。「天国」という言葉と「また会いましょう」という言葉はワンセットのようなものです。これが死の向こう側へ橋渡しする世界と言ってよいでしょうか。

現代社会というのは、そういう意味では、意外にも身近なところに自分を超えた世界を必要としているのです。

　私は病院だけではなくて、特別養護老人ホームに呼ばれて行くこともあります。最近では、特別養護老人ホームに最後の看取りをするような仕組みができあがりました。以前は老人ホームに入所しても、死ぬ時は病院であることが普通であったのですが、最近は老人ホームを終《つい》の棲家《すみか》にして、老人ホームで死ねるようにケアをする、とくに特別養護老人ホームではそういう動きがだんだん盛んになってきました。

　これはとても望ましいことだと思っております。実を言うと、ケアをする方はとても大変です。しかし人は自分の死に場所を探しています。住み慣れた場所で死にたいと思う人が大半です。でも、そうはならないこともある。皆さんもきっと自分の死に場所を探しておいでかもしれない。どのように死ぬかは、どこで死ぬかは神さましかご存じありません。私たちにできることは、神の御心にお委ねする決断です。神は私たちのすべてに働いておいでになるお方です。しかも神は、この地上を働き場とされます。辛ければ辛いほど、困っていれば困っているほど、神は激しく働いてくださいます。その信仰があれば、必ず良い死に場所が与えられましょう。


（二〇一八年十月二十四日キリスト教カウンセリングセンター交友会、四谷ニコラバレにて）

講演 2

なぜスピリチュアルケアなのか？

はじめに

最近スピリチュアリティーという言葉を盛んに聞くようになりました。多くは「霊性」と訳され、単純には、世俗を超越した瞑想的な、神秘的な世界が想定されることもあり、宗教的には、これを一種の信仰修練の時としてとくに世塵《せじん》を離れて祈りの世界に身を置き、自己の信仰生活の向上に資するためとして霊性の涵養《かんよう》という表現になることもあります。こうした傾向は、今日宗教が世俗的になりすぎたとの反動に基づくものと思われます。その意味ではどちらかと言えば、世俗化へのアンティテーゼとしての非世俗的、非日常的な部分での宗教性を強調する意味で用いられる用語となっていることは否めない感があります。

しかし今日では、宗教と対極にあって科学として人間の身体を扱う医療の世界においてもこのスピリチュアリティーということが取り上げられるようになってきました。医学の世界では難治性、致死性疾患、また高齢者医療を通し、末期医療の問題が急速に浮上しており、身体に関する医療的ケアだけでは、人の死の問題に対処しきれなくなった事情があるからです。

一九九〇年WHO（世界保健機関）は「がん末期患者の緩和ケアについて」という報告書を発表し、このなかで末期の患者は身体的痛みと共にスピリチュアルな痛みも持つ、したがって身体的な痛みに対する緩和ケアと同時にスピリチュアルな痛みに対するケアが必要であると主張しています。スピリチュアルな痛みとは、死にゆく人が発する「なぜ私はガンになったのか」、「いっそのこと死んでしまいたい」、「死んだらどうなるのか」と言った問いを意味します。

これらの問いへのケアは単に身体的、心理的、社会的であるよりははるかに優れてスピリチュアルです。こうした点を踏まえて今日の医学界においては、末期にある人々のＱＯＬ（人生の質）を高めるケアの重要性が叫ばれるようになりました。

しかしながら一般医学の世界におけるスピリチュアルケアのありかたはどちらかと言え

ば、死の受容を前提とした高い精神性とでも言うべきものが問われているように思われます。したがって一般的にはスピリチュアルケアを人生の価値を高める援助と解するのもそのあたりの事情を語っているようです。そのことは、それとして十分に理解できることです。しかしながら、臨床牧会の立場からはキリスト教信仰を前提とする心理的立場を援用しつつ、援助を図ってきました。これに加えて神学的な立場が求められることに注目しておかねばなりません。

また、スピリチュアルな問題は末期医療の分野に限らず、人の実存に深く触れる場合には単に心理的ケアにとどまることなく、宗教的な意味でスピリチュアルな関わりが求められる場合も少なくありません。とくにキリスト教を基盤として心理的ケアを行うときには、最初から宗教的な次元での関わりが前提となりますから、問題によっては心理的ケアの働きは当然のこととしてスピリチュアルとならざるを得ません。

人が抱え込む問題はいずれにせよ人間の世界で起こったことなので、問題は何であれ、人間のリアリティーを反映していることは事実です。心理学を援用して問題解決にあたるのは心理学の発展がそれだけ人間のリアリティーをよく知っているからにほかなりません。とくに臨床心理の世界は人の情動の世界のリアリティーをよく知っています。神学の世界はこれまでどちらかといえば知的な世界についてはよく習熟してきました。しかしながら人は知的にも情的にも生きている存在です。人間の問題が複数の要素を持つ以上、いずれかを欠いて問題を扱うことはできません。その意味において情の世界をよく知る臨床心理学の成果を応用した援助技術が問題解決の手段として採用されてきたのは当然です。その上、人間の問題はただ心理学の領域にのみとどまりません。人は身体的にも、経済的にも、社会的にも、文化的にも生きる存在です。ですから人の持つ問題は人が生きるさまざまな局面を取り上げて初めて解決へと向かうことができます。最近よく耳にする全人的カウンセリング (holistic counseling) とは、人間の問題をあらゆる局面から捉えて総合的に取り扱おうとするアプローチの仕方なのです。

今ここで問題として取り上げるのは、心理学のみに基づく援助ではどうしても答えを持つことができず、宗教や哲学の分野に答えを求めなければならないこととは何かということです。とくにキリスト教信仰に基づいて心理的ケアを進める立場にある者としては、そのあたりの事情をどのように考えればよいのかを明確にしなければなりません。

さて、臨床心理学に基づく援助では結果を得ることのできない問題であって、キリスト教信仰の中にその答えを持つ問題にはどのようなことがあるかを考えてみることにしましょう。ここでぜひ注意していただきたいことは、二つです。第一に、ここで述べようとする問題は、決してキリスト教信仰の立場にとどまるというのでなく、人間ならば誰しもが持つ普遍的な問題であるということであり、第二に、キリスト教信仰の立場に立つ者として、聖書の答えを究極の真実とするにもかかわらず、実際の場では、個人的な経験と知識、そして手法を通してケアが行われるわけで、その時点ではもはや相対的であり限定的であるということです。聖書的に言えば、ケアに従事する援助者もまた「土の器」にすぎないということです。

スピリチュアルな課題——存在するだけでよい

人は存在そのものが肯定されるともっとも安心感を得ると言われます。けれども現実の生活のなかでは、存在そのものを、つまり「ただいるだけ」が肯定されることはありません。現代社会は存在自体の意味や価値を問うことなく成立しているのです。すでに物事は「存在する」ことを前提とします。誰もなぜ地球が存在するか、あるいはなぜ物質がそこに存在するかとは問いません。それは「存在する」から「存在する」のであって、存在することと自体、自明のことです。すべては「存在する」ことから出発するのが、現代文明の世界なのです。価値や意味を持つとすれば、どれほどの進歩や向上があったか、あるいはなんらかの条件を満たした場合にのみ与えられます。何事であれ、ある種の進歩向上をもたらす努力のないところに価値はないとするのが現代社会です。人はその考え方に従ってひたすら努力を傾けます。努力の結果に高い称賛が与えられるとき、人は安心感を持ちます。しかしながら努力の結果としての安心感は、努力の不全感に伴う不安を背後に伴うものです。人はその不安を解消しようとしていっそう努力を重ねます。そこには究極としての安心感はないのです。

しかし人がもっとも安心するのは「あなたがそこにいるだけでよい」という言葉を聞くときです。「そこにいるだけでよい」というメッセージがなんらかの仕方で伝えられるならそこに安心感が生まれます。しかし現代の社会生活は「そこにいるだけでよい」とは言ってくれません。「そこにいるだけ」は社会の評価基準からすれば怠け者、無力なる者、人生の敗残者でしかないからです。しかし社会が怠け者と烙印を押すメッセージが人にとってはもっとも安心感を与えるとはまことに皮肉なことです。

もし私たちがこのもっとも安心するメッセージ「そこにいるだけでよい」という言葉を怠け者へのレッテルとしてでなく、安心感を得るためのもっとも重要な言葉として用いようとするなら、聖書の創造論に触れる必要があります。

創世記一章三一節によれば「神はお造りになったすべてのものを御覧になった。見よ、それは極めて良かった」と言われたとあります。英語では"It was very good."と表現されます。"Good"とは美しいという意味もあり、ここで意味されていることは、存在するものはすべて美しいということです。ここには存在そのものが肯定されています。またマタイによる福音書六章二六節には「空の鳥をよく見なさい。種も蒔かず、刈り入れもせず、倉に納めもしない。だが、あなたがたの天の父は鳥を養ってくださる」とあります。二八節にはまた、野の花は「働かず、紡がず」とあります。にもかかわらず神は空の鳥を養い、野の花を美しく装いたもうのです。「蒔かず、刈らず、倉に納めず、働かず、紡がず」とは、いわば何もしないということです。現代社会では怠け者といわれることに通じる。にもかかわらず神はその存在そのものを肯定しておいでになるのです。何事かを「する」ことによって評価を得る生活とはまったく異なる評価基準のもとでの存在の肯定がここにあるのです。

まさしく“doing”ではなく“being”に価値付けがなされていると言ってよいでしょう。何もしないことが評価されているのではなく、そこに存在すること自体が価値あるものとされているのです。これこそまさしく聖書の視点です。まさに存在そのものを価値あるものとするためのスピリチュアルな視点をここに求めることができます。

存在することを「よし」とされることを切実に求めている人は、現実に少なくありません。とくに高齢化社会を迎え、何もできなくなって、ただ寝たきりになる事態を数多く見るようになるでしょう。これはまた他人事ではなく、年は誰でも取るのですから、自分のこととしても考えられます。何もできなくなったそのとき、「何もできなくなったから、この世に生きていても仕方がない。死んだほうがましだ」と自分に言い聞かせて人生の幕を閉じるか、何もできなくとも「そこにいるだけでよい」という声を聞いて生涯を閉じるかは大きな違いです。

あるいは障がいを持ち、何もできなくなったとき、それでも生きる勇気を失わないでいるためには、生きて存在していること自体を肯定しなければならないでしょう。「あなたは、そこにいるだけでよい」というメッセージを聞くならどれほど慰めを受けるでしょうか。誰にでも年を取れば、認知症となり、現実を認知する能力を失うことはあり得ることです。そのようなときであっても、存在すること自体に意味を持つことができるなら、これほど素晴らしいことはありません。聖書の使信はその意味の重要性を与えてくれます。

不条理とプロセスの共有者

この世では、なるべく物事が順調であること、円滑に事が運ぶこと、それは誰しも望むことです。しかしながら、現実の世界はその通りにはなりません。予期しない出来事や思いがけない災難など、自らの責任によらない事態が起こることは珍しいことではありません。この世は、時として正直の頭《こうべ》に神は宿らないかのような、また早起きは三文の得にならないような事態に人を追いやります。

何としても納得のいかない不条理の事態に人が遭遇したとき、人は必ず「なぜ」という問いを持ちます。その「なぜ」はさらに、「なぜ今なのか」、「なぜ私なのか」、「なぜあの人が」という問いにまで発展します。「なぜ質問（Why questions）」と言われる、これらの問いにこれまで人が積み上げてきた経験や知識に基づく知恵は真の答えを持ちません。ごく一般的な答えはあるかもしれません。たとえば「それは神さまの試練に違いない」、「何かの報いだ」、「やがて時間が解決してくれる」、「そういう運命だから、あきらめる以外、仕方がない」、「あなたはちょうど壁掛け絨毯《じゅうたん》の裏側を見ているようなものだ。今はボロボロの糸くずがぶら下がっているようにしか見えないが、表に回れば美しい模様が織られている。あなたはそれを見ていないだけだ」などなど、人はそのような時のためにいろいろな答えを用意してきました。それらは他人のためには役立ちますが、いざ自分がその当事者となったときには、真の答えとならないのです。

当事者にとっての不条理の事態に対する現実的な答えは、それを受容する態度以外にはないのです。受容するとは、問いを問いのまま受け入れることを意味します。それこそが不条理に対して現実的に生きる唯一の手だてと言ってよいでしょう。

受容が不条理を経験している当事者の主体性のある態度となるためには、問いを受容するための包括的態度（comprehensive attitude）の形成が必要です。包括的態度とは、不条理そのものを包み込む態度をいいます。答えを求めつつも、その答えを見出すことができないにもかかわらず、事態を肯定的に受容することを意味します。

この包括的態度の形成にあたっては、不条理という事態のプロセスをどのように経過するかということにかかっています。ただし不条理は当事者自身の中に答えを持つことができないのですから、現実の状況の中では結局のところ自己以外の「誰」とそのプロセスを共有するかによって、その事態を乗り越えるかどうかが決まります。このプロセスの共有者は、地上的に見るときには家族であり、あるいは友人を含むもっとも信頼する者であるでしょう。しかしながら不条理の事態のプロセスの地上的な共有者は、あくまでも限界を持ちます。しかし周囲に誰もいないならば人はその事態を乗り越えることは困難です。誰かがそばにいて事態を経過と共に歩んでくれるなら、その事態を乗り越えることができます。その意味で共有者を持つことは極めて重要なことなのです。

要は意味のある共有がなされるかどうかの問題となってきます。キリスト教信仰の立場からすれば、キリストこそご自身の十字架の死の出来事を通し、その不条理の事態を共有するお方です。なぜならキリストはその十字架の死を前にして「わが神、わが神、なぜわたしをお見捨てになったのですか」と叫ばれました。この叫びには救い主であるキリストご自身が神から見捨てられるというまさに不条理の極みに自らを置かれたことが意味されています。このキリストを信じる信仰において、人は自らの不条理を共有するお方を見出すのです。

一人の若い教会員のことが思い出されます。彼女は生まれつき体が弱いので、小さいときから病院での生活が長く、ほとんど学校に通うことはありませんでした。彼女の生活は、病室の床から天井まで届かんばかりに積み上げられた本と窓から見える隣の家の屋根と空、そして家族を除いては、医師と看護師、月一回の聖餐式に来る教会の人たちでした。二十二歳になった頃、病状が進み、彼女も自分の命がそれほど長くはないと思ったのでしょう。あるとき、病床での聖餐式のためにやって来た私にポツンと言いました。「私はなんのために生きてきたのでしょうね」。どのような言葉が彼女を慰めるでしょうか。人間の言葉の中に彼女の答えを探すことはできませんでした。

その日、聖餐式を執行しながら、こう思ったものです。キリストの体を食べ、その血を飲むという出来事の中で、キリストが、問いだけで答えを持たない彼女と共にいてくださる、彼女はまた問いを問いのまま受け取ってくださるキリストと出会っている、ここにスピリチュアルケアの究極のかたちを見て取ることができました。

死後の世界と委ねる勇気

冒頭にも述べましたが、最近ことのほか死に逝く人の看取りに従事する人たちの中からスピリチュアルケアの必要性が声高く叫ばれるようになってきました。人の死はたんに医学的、心理的ケアのなかで完結しないからです。ことのほか死に逝く人の看取りにおいては宗教の重要性が説かれます。ホスピスの研修の講師に宗教家が招かれ、ホスピスのチャプレンに牧師や僧侶が従事することが多くなったのもその表れと思われます。

人は生物ですから死ぬのは自然です。しかしほかならぬ「私が死ぬ」ときは、事態は一変します。「私の死」は自然ではないのです。私にとって死は、未知なるものです。未知なるものは人に不安を与えます。だから人は自分の死に直面すると信仰の有り無しにかかわらず「この私は死んだらどうなるか」と問うのです。この不安を越える作業を死は人に課すのです。この問いの背景には、人は必ずしも生きている間に決してこれでよしとする人生を生きてきたわけではないことを伺わせます。人生には心残りのこともあり、また未完成の仕事もあるのです。

臨死体験に関する本が巷間を賑わせていますが、そこに見るかぎり人は死後の世界にある種の完成を望んでいることが分かります。つまり生前まだ未完成のことが残っており、これでよしと自分の人生に太鼓判を押すことなく人は死を越えねばなりません。このまま死んだら私の人生は何だったのか、その思いが「この私は死んだらどうなる」という問いに向かわせているのです。その意味では、死もまた人にとって不条理と同じく「なぜ」という問いを残すといってよいでしょう。言い換えれば、死はもっとも大きな人の不条理であると言えます。死に臨んでのこうした人の思いに答えることができるものは宗教のほかありません。

しかしながら生きる現実の上での不条理への答えが、問いの受容という態度によって決定されるに反し、死は死に行く人にとって生きる現実とならず、現実を超えた未知なる世界へ赴くことを意味します。ここに必要とされるのは「委ねる態度」です。この委ねる態度をつくるのもまた宗教の責任であると言えるでしょう。

「委ねる」ということが、求められるのはなにも死の時だけではありません。人は生きるうえで、どうにもならずに、もはやここは「委ねる」以外にないという瀬戸際に追いやられることが得てしてあるものです。そのようなとき、本当に「委ねる」ことができる存在を持つか、持たないかは、その先、生きる勇気を持つか、持たないかに関係します。

「委ねる」ことは、どうでもなれというのとは違います。今を肯定的に決断する勇気なのです。このためには自分の外に「委ねる」ことができる他者を持たねばなりません。その他者は究極的な他者でなければならないでしょう。その意味では当然のこととして、キリスト教信仰がいかに重大であるかが分かるはずです。

スピリチュアルケアと信仰のありかた

存在そのものの肯定、不条理におけるプロセスの共有、また死に際しての委ねる勇気などスピリチュアルな課題に対するケアの臨床の場でのありかたは、ケアそのものが極めて具体的局面を必要とする以上、信仰を知識としてどれだけ知っているかというより、どのような信仰のありかたで生活を営んでいるかが重要になります。いわば信仰によって決定されたその人の生き方が問われることにほかなりません。

心理学者ゴードン・オルポート（一八九七―一九六七）は、信仰のありかたを外発性と内発性に分けて考えました。外発性の信仰のありかたとは、信仰が手段として用いられ、結果として信仰対象を自己目的のために信じることを言います。それに反し内発性の信仰のありかたとは、信仰そのものが目的であって手段とならないことを言います。

この場合、外発性の信仰のありかたはあくまで自分に都合のよい結果を求めるための手段として信仰を考えるため、不条理や死のような自分にとって不都合でしかない経験に対しては意味を失います。オルポートは外発性の信仰のありかたは、いざというときには役に立たないと言います。

これに反し内発性の信仰のありかたは、信仰対象を主体とし、その対象に生起した事態のすべてを委ねることを意味します。自己が主体とならないのです。言い換えれば、生きる主役は自分ではなくて、信仰対象の他者であるお方によって生かされているという信仰を持つということです。自分のためでなく、神のために生きている自分を知ると言ってよいでしょう。

オルポートは、ハーバード大学の教授ですが、熱心な米国聖公会の会員でもありました。彼は内発性の信仰を学ぼうとするなら、聖書に親しむことと祈りを欠かしてはいけない、また教会生活を続けなければならないと言います。自分に都合のよい信仰を作るなと言っているのです。長い歴史を通して教会が育ててきた信仰の教えや伝統には、いかなる危機や不条理な出来事に直面してもなお、究極の存在である神に「委ねる」勇気を教えてくれるのです。

スピリチュアルケアの大切さが医療や心理臨床の世界で叫ばれる今日、キリスト教信仰が持つ役割は重要です。しかしまた同時に、キリスト教信仰がスピリチュアルケアにとって重要な役割を果たすことが明確になればなるほど、今一度キリスト教信仰のありかたをケアの現場で、一般社会が理解し、かつ受け入れ可能なかたちにしなければなりません。今後キリスト教会が、教会の外に出て追求すべき神学的、実践的な大きな課題がスピリチュアルケアの中にあるのです。

最後に四十九歳でこの世を去った一人の女性Tさんについてお話ししたいと思います。彼女はガンに罹患し在宅で最期を迎えることを決断しました。夫も子どもさんたちもその決断を受け入れ、在宅で最期を迎えるため在宅訪問看護を担当してもらえる医師、看護師のケアを受けることになりました。家族は死を迎える人を日々いかに看取るかについてのケアの知識を学び、牧師もまたその輪の中の一員として関わることを求められたのです。

死に至るまで在宅三か月。家族は日々の生活を健康であった時と変わらないよう共に過ごし亡くなる前日まで普通の暮らしを続けることができました。ご本人は当然その日がくることを知っておいでした。息子さんは「我が家では死という言葉が自然に会話の中で飛び交いました」と言われ、夫はこの期間が至福の時であったとつくづく述懐されたことを思い出します。

彼女は死期が近いことを知ったのでしょう。ある日家族にこう言いました。「お母さんは、これから天国で音楽会に行くの。あなたたちもいずれくるでしょう。私が先に行って、席を取って置くからハンケチをたくさん入れておいてちょうだい」。きっと彼女の看取りに参加したチームの人たちのためにも席が用意されているはずです。地上に残された者に楽しみを残して旅立つ死が、ここにありました。

（二〇一五年七月二十六日、日本ルーテル神学校デール・パストラル・センター第一回デール記念シンポジウム発題）

※ このTさんの記録は、川越厚編『やすらかな死――癌との闘い・在宅の記録』（日本キリスト教団出版局、一九九四年）に記されている。柳田邦男は本書のため一文を寄稿し、「本書はケアに携わった人々が、闘病者の苦しみや心の揺れ動きをどこまで理解し得ていたか、……行為の一つ一つはどのような意味を持ったか、独善的になっていなかったか、という基本的な問題について深く検証しようとしている」とし、さらに「一人の闘病者が人生を完成させるに至る過程をめぐって、本人、家族、医師、看護師、宗教家が、それぞれの内実をこのようなかたちで相互に出し合い検証し合った記録は、いまだ少ない」と感想を述べている。

高齢者と教会
――老人は夢を見、若者は幻を見る

はじめに

最近、教会は年寄りばかり、これでは先が案じられると嘆き節を聞くことが多くなりました。江戸時代中期。このような狂歌が流行りました。

「しは（皺）がよるほくろが出来る背がかゞむ頭ははげる毛はしろくなる
手はふるふ足はひよろつく歯はぬける耳は聞えず目はうとくなる
身にあふは頭巾ゑりまき杖めがねたんぽ（温石）しびんまごの手
くどくなる気みじかになるぐちになる思い付事みなふるくなる

聞たがる死ともながる淋しがる出しやばりたがる世話やきたがる
又しても同じ話に孫ほめる達者じまんに人をあなどる」
（作者は横井也有。尾張藩家中。俳文、漢詩、和歌、狂歌、茶道などに親しむ）

まことに老人を揶揄《やゆ》した狂歌ですが、いつの時代であっても、当てはまる老人像と言えましょう。老いた者自身が正直に己を振り返れば、その通りと頷《うなず》くことが多いと思われます。

これからの高齢者

今の時代にこの老人像を当てはめれば、老人は生産力を失い、医療福祉に多大の税金を費消する存在ではないか、その割には口達者と陰口をたたかれるということになりましょうか。しかしながら、老いの現実を肯定しつつも、果たしてこの姿が老いた者のすべてを言い表した言葉であると許容することはないでしょう。老いは確かに凋落《ちょうらく》の時ではありますが、同時に成熟への時でもあることを忘れてはなりますまい。その意味からすれば、教会は年寄りが多くなったと先々を案じることばかりでなく、年寄りだからこそ持つ成熟性を活かす場が教会にあってよいであろうと思います。いつでも教会は「老人は夢を見、若者は幻を見る」（ヨエル三・一）ところであるはずだからです。老人自身もまた、自らを甘んじてケアの対象と見なすことなく、できるかぎり自ら教会に居場所と働き場所を作り出すべきでありましょう。それによって活気に満ちた教会が生まれるのではないでしょうか。

1　老いの現実受容プロセスと危機意識

未完了のわざの受容

まずは鏡に映った己の顔を見て愕然《がくぜん》とし、歩く足の動きの鈍さにいらつき、人の話を聞きながらつい耳に手をやって二度聞きする自分が嫌で、聞こえたふりをして生返事をすると相手が怪訝《けげん》な顔をするのに気が臆し……若い時には当たり前のようにできたことがひとつひとつできなくなっていくことに悲哀めいた思いを感じない年寄りはいないことでしょう。まだ若いとうそぶいても、無理のある表情を隠すことはできません。

スイスの医師ポール・トゥルニエ（一八九八―一九八六）は、その著『老いの意味』で「老いるということは未完成のわざを受容するプロセスである」と主張します。あれもしたかった、これもしたかった、まだまだ仕残したことがある、できれば今一度生まれ変わって人生をやり直したいと思うこともありましょう。

喪失の出来事であれ、未完成の経験であれ、過去のことはもはや、やり直しができません。人生に起こった過去のことを受容するのでなければ、老いの日々に充足感は訪れることはありません。

危機としての老いの時

しかしながら、過去がなければ、現在の自己の存在はないのです。ややもすれば否定的に受け止めがちな過去の経験を肯定的に受け止め、さらにはやがて必ずやってくる死の現実を受容する仕事が老いた者の未来に立ちふさがります。喪失や未完成の経験をそのままにして、あきらめの境地で死の時を待つのでしょうか。

この問いは、老いた者に危機として迫ってきます。危機（crisis）という言葉の原意は「切り分ける」というギリシア語に由来します。右か、左かの分かれ道に立って逡巡《しゅんじゅん》するようなものです。どちらの道を選択すべきか決断をしなければなりません。年老いた者にとって、必要な選択はきちんと生き、きちんと死ぬためにどうあればよいかを選ぶことです。きちんと生きるといっても単純に長生きをすることではありません。要は死を見定めてきちんと生きることであります。死を見定めることができれば、自ずと生きることが定まるものです。

2　年老いた者の課題と信仰の世界

統合性を養う

年を取った者は、人生体験が長いほど多様な体験をするものです。発達心理学者エリク・エリクソン（一九〇二―一九九四）は、老年期に至った者が成熟した生き方を獲得するためには「統合性」という発達心理課題を果たさねばならないと言います。

老いた者が経験する多様な事態には、当人にとって望ましいこともあれば、避けたいこともあります。社会の中には、好きな人もいるでしょうし、嫌いな人もいることでしょう。あのことさえ起こらなければ、あんなことをしなければよかったと過去を悔い、あの人がいなければよいのにと恨み節を口にしたところで、過去と他人は変えられないという言葉の通り、思い通りにならない自分を抱えたままにしておいては、いつまで経っても円満な相を湛えた年寄りにはほど遠いことになりましょう。

しかし、教会というところは不思議なところです。何十年という長い間、教会生活を送ってきた人の多くに、温容な風貌を持った人を見受けます。教会に集う人のすべてが天使というわけではありません。教会という所は社会に対して入り口を公開しています。条件なしに誰でも集まり教会を形成します。年齢、性別はもちろん、相性のよい人もいれば、口も利きたくない人もいるでしょう。ときには思いがけない出来事も教会の中で経験します。また長い伝統に培われて、目には見えませんが、人間としての生き方の規範となるものも内に蔵しています。長年そうした環境の中でさまざまな経験を重ねるうちに、自然に酸いも甘いも嚙み分けて懐深く我がものとする生き方を会得していくのです。それは白と黒をない交ぜにして灰色にすることとは違います。黒は黒、白は白と区別をした上で両者を受容する態度を持つに至るのです。

「統合性」を果たすとは、そのような生き方を身に付けた人のことをいいます。その意味で、統合性とは人が成長するに従って果たすべき課題のうちもっとも成熟したかたちなのです。生きてきた過去の経験のすべてが、相俟《あいま》って「今」の自分を形成していると受け入れることでもあります。

信仰による統合

このために信仰者は優れた賜物を持っています。自分の力だけでは「統合」できない人生の出来事であっても、キリストという「私」の存在を超えたお方を知っているからです。たとえば、キリスト者が晩年になり自叙伝を書こうとするとき、「私」がいかにキリストを信じたかを書いたとしても、それは自叙伝とならないと言われます。なぜなら、私がいかにキリストを信じたかを書くならば書けるところは書くでしょうが、書きたくないところは書かないでしょう。とくに秘密にしておきたいところは文字にしないことでしょう。

キリスト者の自叙伝は、「私」の人生のあらゆる時にキリストが働いてくださった記録でなければならないと言うのです。人生は時の流れの中で営まれるものですが、いつも良い時ばかりとは限りません。良い時もあれば悪い時もあります。嬉しい時もあれば泣きたい時もありましょう。誰にも言えない恥ずかしい時を過ごしたこともあったに違いありません。谷あり山あり、それが人生というものです。

しかし、信仰者にとってキリストが働いてくださらなかった時はないのです。幸せの頂点にいた時も、絶望の深淵に沈んでいた時も、誰にも言えない恥辱の時ですら、キリストはそれぞれの時に必ず働いてくださいました。キリスト者は、そのキリストの働きの記録をそれぞれに持っています。その記録こそがキリスト者の自叙伝です。その自叙伝を持つ者は、まさしくキリストを信じる信仰による「統合性」を身に付けたということができましょう。

明治時代、ルーテル教会伝道初期の宣教師であったJ・M・T・ウインテル先生（J. M. T. Winther）のことを知る人は少なくありません。デンマーク系のアメリカ人でしたが、万葉集を変体仮名で読む人でもありました。聖書は文語訳聖書を創世記から黙示録まで日本語ですべて諳《そら》んじ聖句の章節まで暗誦することのできるアメリカ人でありました。晩年、神戸の聖書学院で教えながら、「私は何も知らない者であります」とよく口にされました。知らないことを知っているとは、信仰者たる者はどれほど高い見識をもっていても、神の前では何も知らない子どもと同じということです。

3　人生を決定する決断

人生は決断の集積

人生を経験的に振り返ってみれば、私たちが生きる眼前には常にいくつかの選択肢があって、それらのいずれかを選んで人生を形成してきたことに気付きます。小は朝食に何を食べようかに始まり、大きくはどのような職業に就こうか、あるいはこの人と結婚するかどうかを決断してきました。何らかの選択肢を前に、これから先どう生きるかは何を選ぶかで決まるのです。何も考えずに、たまたま目の前にそれしかなかったので今の仕事についたといっても、それしかなかった仕事に就くことを選択したのであり、人生はなるようにしかならないとうそぶいても、なるようにしかならない人生を選んだのです。

年を取るということは、長い時間の中で日々刻々それこそ数知れぬ選択をしながら、今日を築いてきました。その選択の結果が「今」の人生なのです。そして選択とは、それを選び取る決断をするということにほかなりません。

人生を決定する要因

精神分析家エリック・バーン（一九一〇―一九七〇）によって開発された交流分析（Transactional Analysis）という実践的心理理論があります。彼は人生を決定づける要因には、(1)生まれつきの生理的要因、(2)生まれ育った環境的要因、(3)起こった出来事、そして(4)決断があると主張します。この四つの要因のうち生理的要因、生まれ育った環境的要因、起こった出来事の三要因は、過去の要因であって変えることができません。しばしば、人はこれらの過去の要因で人生のすべてが決まったと思い込んでいることがあります。しかしいかなる不利な身体条件を持ってこの世に生まれてこようが、どのような劣悪な環境に生まれ育とうが、この上ない悲劇的出来事に遭遇しようと、〈にもかかわらず〉どう生きるかという決断によって、その人生を変革します。前に向かってあくまで生きると決断をすれば、活き活きして笑顔を絶やさないでしょう。

死をいかに乗り越えるか

とくに過去の喪失と未完成の経験をそのまま多く残して生きる晩年は、やがてやってくる死の時を確かなかたちで乗り越えることはできません。年老いた者にとって死は、乗り越えるべき大きな壁の前に立たされたかのような危機を感じる時でもあります。降って湧いたような災難、思わぬ事故、突然の病気、生まれながら障がいを持って生きてきた人、精いっぱい努力を重ね生きてきたのに一向に報われることなく死を迎えなければならない人、誠実に生きてきたのに誤解の中に身を置いたまま死の時を迎える人、「仕方がない」で死を待つのでしょうか。

神は、世の中に生きる者に不公平とも理不尽とも思える出来事をそのままにして、死をもってすべての終わりとされるのでしょうか。老いて死を前にした者には、このような問いが危機として大きくのしかかることもあるのです。どのようにして、これらの問いを乗り越えることができるのでしょうか。そのような出来事は人生のすべてを決定するかのようにも見えます。にもかかわらず、どのような決断をするかによって、生き方は変わるのです。

4　委ねる決断

委ねるとは

どのような人生を選び取ったにせよ、人は最後に死を迎えます。死をきちんと死ぬためには、死の向こう側を確かに選び取る決断が必要です。しかし、人は死の向こう側を誰も知りません。未知の世界です。死を越えて死の向こう側へ赴くためには、未知なる世界に己を「委ねる」決断がなければなりません。

ここでいう「委ねる」とは、なるようになれという諦観ではなく、また運を天に任せるといった運命論でもありません。そこには「委ねる」勇気を持った決断がなければならないのです。勇気と希望は外から来ると言われます。それこそ、究極的存在としての神を信頼する信仰が不可欠です。

人は高齢者のみならず、誰にせよ「委ねる」ことができる存在を持たなければ、確かな人生を歩むことはできないのです。ある障がい者施設でのことです。障がい者を家族に持つ、ある高齢の親御さんが言いました。「私はこの子をひとり残して、先に死ぬことができません。どうすればよいでしょうね」。この問いは障がい者を家族に持つ親たちが必ずといってよいほど問う問いです。

この問いにこの世の知恵は答えを持ちません。この世の知恵で答えが出せるなら、できることをやってみて駄目なら次の手を考えましょうと言えますが、人の知恵が及ばない問いには「委ねる」以外に道はないのです。

神か、自分か

私は、この親御さんに申しました。「人間は、自分に頼って生きるか、神さまに委ねて生きるか、どちらかで生きている。あなたはどちらで生きていますか」。その人はしばらく考えていましたが、「私は牧師さんと違って神信心をしているわけではない。そうなると自分ということになるけれども、かといって頼れるほど自分がしっかりしているわけでもない。だからこうして尋ねているのです」と言うのです。「神さまに委ねるか、自分に頼るか、どちらかでなければ生きることができないとすれば、だまされたと思って神さまを信じたらどうですか」と申しました。「ただし、神さまを信じれば、神さまがそれじゃと言って、子どもさんの障がいを治してくださるというわけではない。あなたがどっしり構えて、安心して子どもさんのことが考えられるようになります。この社会には、案外気付かないところに、子どもさんの世話をしてくれる手立てがあるものですよ。もちろん、それを探すには、あれこれ情報を探したり、面倒な手続きもしなければなりません。しかし、気持ちが落ち着くとそうしたことも、あまりわずらわしいと思わなくなりますよ」と言いました。

「委ねる」ということは、ひとつの勇気です。この勇気を持つと安心して物事を進めることができ、生き方がぶれなくなります。人間の知恵では答えがない世界に差し向かい、積極的な生き方を獲得することでしょう。成熟した人間は、いかなる状況にあっても前に向かって進むものです。

5　成熟した人間の姿

成熟した人間とは

高齢者が果たすべき課題に統合性があると述べましたが、統合性を身に付けた人は成熟した人でもあります。この成熟した人間性をどのように理解すべきかについて、人格心理学者ゴードン・オルポートの主張は、私たちに大きな示唆を与えてくれます。彼は人が成熟した人間の特性を次のように挙げています（G・オルポート『心理学における人間』参照）。

＊どこにいても自分らしさを失うことがない――アイデンティティーが確立している

のです。

＊他者との間に温かい関係を保つことができる――他者を愛することができます。
＊自己受容ができている――自分の嫌いなところも含めて自分を受け入れています。
＊情緒が安定している――情感が豊かであっても動じることがありません。
＊理性的に物事を処理することができる――物事をよく考えて処理します。
＊自律的に生きる術を身に付けている――損得、打算で仕事をしません。
＊自分を客観化できる――自己中心的に生きていません。
＊包括的、統合的態度を持つ――懐深い生き方を身に付けています。

これらの成熟した人間のパーソナリティーが持つ特性に加えて、オルポートは成熟した人間は、統一的な人生哲学を持っていると主張しています。つまり自己の外から自己全体を俯瞰《ふかん》的に判断する物差しのようなもので、それによって自分の偏りや歪みに気付いたり是正したりする基準となる体系です。それによって、自分を絶対化することなく、相対化することによって、自分自身の世界や自分を取り巻いている世界、また自分と他者との関係を正しく片寄ることなく見ることができるようになるのです。

宗教というものは、本来そのような働きを持っているものであるとオルポートは主張し、その重要性を彼の著作『心理学における人間』に著しています。しかしながら、宗教ならば、どの宗教でもよいとするわけではありません。信じる宗教そのものが成熟していなければなりません。

6　成熟した信仰者であるための信仰のありかた

二通りの信仰形態

オルポートによれば、信仰のありかたには二通りあるとし、一方を外発的信仰、他方を内発的信仰と称しています。外発的とは自己中心的な信仰のありかたであって、信仰は自分の健康と幸せのためにあるとする信仰のことを言います。自分に不都合なことが起こるとたちまち不信仰に陥るような信仰です。このような信仰では、死と向かい合うような危機的状況を乗り切ることはできなくなります。

それに対し、内発的信仰とは神中心的信仰を言い、良きことも悪しきこともすべてを神の御心として受け入れていくような信仰のことを意味します。生きることも死ぬこともすべては神の御心のままにと、いかなる危機的状況も受容する態度がそこに生まれます。その意味において、年老いた者には、ことのほか内発的信仰が必要です。

このような信仰を養うために必要なことは、教会生活をきちんと守り、聖書をよく読むことであるとオルポートが勧めていますが、いかにも篤信のクリスチャンらしい言葉です（オルポートは米国聖公会の信徒）。

内発的信仰の必要

年を取れば、ますます内発的な信仰がなくてはなりません。以下はニューヨークのリハビリテーション病院の壁面に掲げられた、一人の無名の患者の作ですが、内発的な信仰の力が働くといかなる危機的状況にあっても人を勇気付け、局面を前向きに転換させることを証するかのような詩です。

この詩に注目したいのは、作者が一人の無名の信仰者であり、病をいやすはずの病院の壁面に掲げられていることです。この作者はとくに修行を積んだ有徳の人物ではなく、精錬された内面性を高々と掲げた高邁《こうまい》な詩でもありません。ごく日常の生活の中に起こり得る負の事象を成熟した信仰の目で眺めたときには、誰でもこのような生き方を日常の中に獲得し得ることをさりげなく表現した詩です。しかも、この詩が病院という場に掲げられていることに注目をしたいと思うのです。病院とは病をいやす場です。しかも、この詩はいやすための励ましの詩ではありません。病気でもよいとする詩です。けれども生きる勇気を与える詩です。オルポートの言う内発的信仰があって初めて生まれる心境を謳い上げた詩と言えます。
詩は病院の壁面に掲げられている詩ですが、おそらくは高齢者も多く訪れることでしょう。高齢になれば病気もするでしょうが、送ってきた人生の諸相にも光を与える詩でもあります。病はもちろん、弱さ、貧乏、不幸などそれらを抱えた人生にもかかわらず生きる勇気を送る信仰の詩なのです。

病者の祈り

大事をなそうとして力を与えてほしいと神に求めたのに
　慎み深く従順であるようにと弱さを授かった
より偉大なことができるように健康を求めたのに
　より良きことができるようにと病弱を与えられた
幸せになろうとして富を求めたのに
　賢明であるようにと貧困を授かった
世の人びとの賞賛を得ようとして権力を求めたのに
　神の前にひざまずくようにと弱さを授かった
人生を享楽しようとあらゆるものを求めたのに

あらゆることを喜べるようにといのちを授かった
求めたものはひとつとして与えられなかったが
　願ったことはすべて答えを得た
顧みて御心に添わない者であるにもかかわらず
　言葉とならない祈りのすべてが聞き届けられた
私はあらゆる人の中で最も豊かに祝福されたのだ
（ニューヨークのリハビリテーション研究所の壁に刻まれている無名一患者の作）

7　認知能力を失った高齢者と信仰

認知能力を失う

筆者の母親は、十数年前九十四歳で召しを受けましたが、八十代後半より次第に認知症の症状を呈するようになりました。本人は幼少の頃より日曜学校に行っており、礼拝は欠かしませんでしたが、認知症が出始めた頃から礼拝に行かなくなりました。なぜかと聞くと、牧師の説教が分からないと言います。それは説教が難しいからではなくて、理解をすることが次第に困難になってきたからでありました。けれども聖餐式のある聖日には出かけます。聖餐式はキリストの体と血をいただくからです。それは飲み食いという感覚の中で行われる信仰の養いの行為です。本人はとくに意識しているわけではありませんが、飲み食いという行為の中で信仰を養っているのです。説教とサクラメント、この二つは見えない神の言葉と見える神の言葉と言われるように、いずれも神の言葉であり、教会を教会たらしめる命です。理性と感覚、この二つの器を通して神の言葉が伝達されます。教会は理性だけで信仰の世界を保持しているのではないのです。たとえ認知能力を失おうとなお信仰を養うことができる。教会は何という素晴らしい宝物を持っていることかと思います。

サクラメントの重要性

健康な人ならば、さほど深く気に止めることがなかった日常の世界で、思わぬ病を得たり、望まずして寝たきりになったりすると言語によるコミュニケーションを奪われ、感覚の世界がだんだん重要な意味を持つようになります。とくに死を間近に控えた人は、感覚で受け取る世界に敏感です。高齢になれば、やがて訪れる死についての思いを深くしていきます。その中にあって、最初は言語によるコミュニケーションが成立していても、やがては感覚的な世界で受け取る場面が重きを占めるようになってきます。その意味でも、教会は高齢者にとってはサクラメントが重要性を持つことに気付くべきです。その執行の仕方、聖餐の用具などに工夫があってよいかと思います。

このようにして、認知能力を失ったとしてもなお召し集められた者の群れであり続けることができるのは何という感謝でしょうか。

8　死の向こう側を求めて

この世の集団は、一般に所属期間が限定されます。企業ならば定年で職場を離れなければなりません。学校なら在籍期間が何年間と決められています。中にはサークル活動などであればいつまでも好きなだけいてもよいとする集団はありましょう。それでも生きているかぎりです。死ねばそこで所属団体から離れなければなりません。

けれども教会というところは、まことに不思議な集団です。死の後も召天会員として所属し続ける集団です。資格条件を問わず、性別年齢を問わず、今日初めて来た人もいれば、何十年と所属した人も同時に所属することができます。しかも死んだ後までも。何という希有な集団であるかと思わざるを得ません。

この地上の命が終わった後も所属することができる集団としての教会の存在は、年老いて、これから先はどうなるかを心配する高齢者にとってなくてならぬ安心の砦《とりで》のようなものです。天の教会と地の教会と言われるように、死と生を結ぶことができるのも教会です。このような集団に身を置くことが許されていることは何という恵みでしょうか。

（二〇一五年二月十日、日本ルーテル神学校主催教職神学セミナー　ルーテル神学校にて）

慰めと希望に生きる教会
――子ブルームハルトの牧会に学ぶ

メットリンゲンでの出来事

まず最初に、南ドイツの小村メットリンゲンで起こった十九世紀半ばの悪魔祓《ばら》いの出来事についてお話ししたいと思います。

十九世紀半ばメットリンゲンにあるルーテル教会に一人の牧師がいました。ヨハン・クリストフ・ブルームハルト（一八〇五―一八八〇）と言います。彼は二十八歳の女性教会員ゴットリーベン・ディットゥスに取りついた悪霊（我が子二人を殺し自らも自殺をした母親の霊）と長期にわたって闘い、有名な言葉「イエスは勝利者なり」と悪霊に叫ばせて、ついに悪霊を追い払ったという出来事がありました。彼女はいやされた後、ブルームハルトの秘書となり、八十数歳まで忠実に仕えたことが知られています。

教会の指導者たちは、彼を疑わしく見たり、批判もしましたが、この出来事がヨーロッパ中に知れ渡るや、多くの信徒がこの地を訪れるようになりました。ドイツ連邦政府は精神疾患の持ち主は医療機関に行くように勧めましたが、人々はひたすらいやしを求めて、集まってきたのです。

ヨハン・ブルームハルトは、小さな村メットリンゲンの教会では手狭になり、バートボルに移りました。ここにも人々が押し寄せ、一時期五千人が礼拝に集まったと言われています。

この現象は、当時の社会文化的な傾向が科学的実証主義に傾き、神学的も自由主義的神学が台頭する時期であり、批判の目にさらされたのですが、信徒からすれば藁《わら》にもすがる思いへの助け船となったのです。

※　精神病理学者アンリ・エレンベルガーは、この悪魔祓いの精神力動性について次のように述べている。精神疾患の人物を治療するにあたっては、治療者は、まず施術者側の逆転移感情に注意しなければならない。次第に関係が取れるようになるにつ

れ、患者が施術者に肯定的な応答をするようになった時点が本格的な介入の時期となる。ヨハン・クリストフ・ブルームハルトは祈りの言葉をゴットリーベン・ディットゥスがそのまま唱えるのを聞いて悪霊と闘う時期であると見抜いた。そこから彼女自身と彼女に取り憑いた悪霊そのものを区別し、そこから彼女を健康な部分と病的な部分とに分けて、悪霊の抵抗に打ち勝つプロセスを得たことは、現代の心理療法に叶っていると判断している。そこから判断する限り、単なる呪術的悪魔祓いあるいはパラノイア的カルト宗教に陥る危険を避け得たと分析していることは注目すべきことであろう。

（参照＝アンリ・エレンベルガー、木村敏・中井久夫監訳『無意識の発見』弘文堂）

子クリストフ・フリードリヒ・ブルームハルト、父の後を嗣ぐ

ヨハン・ブルームハルトの息子のクリストフ・ブルームハルトは長ずるに従って父の後を嗣いで牧師になるため、チュービンゲン大学神学部に入学しました。この大学は当時の自由主義的神学の牙城のようなところで、父は彼が信仰を失うのではと危惧したようですが、その心配は杞憂に終わりました。子ブルームハルトは神学部の教授が教える神は「手もなく、足もなく、口もない神であった」と書き残しています。言い換えれば、神学部の教授たちは死んだ神しか教えない。それに比べると父の教会では目の前で人がいやされていく、神は生きていることをまざまざと見て取り、それが終生変わることのない彼の信仰の基礎となったのでした。

やがて、子ブルームハルトは学業を終え、いくつかの教会を経て、父の後を継ぎバートボルの教会の牧師となります。彼の代になった後も相変わらずいやしを求めて教会に大勢の人が集まってきました。

そのうち彼は次第に人々の信仰に疑念を持つようになりました。人々は自分の幸福と健康のためにのみ教会に来るにすぎないのではないか、それは信仰的エゴイズムではないかと考えたのです。彼は「救い主は私たちのために地上で良い生活を作ろうとされるのだろうか。神は私たちが苦労せずにやっていけるように生活改善をされるのだろうか。地上の生活が健康であるために病気をいやされるのであるか」と嘆いたとあります。

しかしながら子ブルームハルトはそれまでの体験と信仰を通して、一つの確信を持つに至ったのです。それは神の働き場は徹底してこの地上にあるということでありました。

「神は、私たちを上からじっと眺めるお方ではない。神は地上の神である。神は信仰によって、この地上に必ず何事かをされるお方である。世の中がイヤになればなるほど、そこに神の働きを見る」

それが彼の信仰の確信でした。教会員に対して彼はこう言います。「困窮と貧しさの中に座ったままでいよ。辛抱せよ、辛抱せよ、神がお呼びになるまでは。そうすれば『我ここにあり』と言うことができる。そのときあなたの目の前に温かいスープが用意されていることを発見するであろう」と。

いやされずとも、生きる勇気を得る

毎週の礼拝の後、牧師室の前には「いやし」を求める信徒が列をなして並んでいました。彼は相談に来た信徒にこう言ったと伝えられています。「その問題を、ご一緒に考えましょう」。期せずして、この対応は今日のカウンセリングの面談の際、カウンセラーが最初に発する言葉と共通するところがあるのです。

多くの来談者は早く問題解決の答えをカウンセラーから聞きたいと思ってるものです。しかし、人間が抱える問題は、すぐさま答えが出るようなことはありません。カウンセラーは、当事者に寄り添うように言うのです。「その問いをご一緒に考えましょう」。その言葉を聞くと、たとえ答えの見えない闇の中を歩むような気持ちでいても、共にいてくれる寄り添い人をそこに見出し、安心するのです。

著名な神学者トゥルンアイゼンは「バートボルでは何事かが起こった。ある者はいやされ、ある者はいやされなかったが生きる勇気を得た」と記録を残しています。先ほど引用したように、神は地上にあって人の困窮を働き場とされると彼は言いました。その信仰が「困窮と貧しさの中に座ったままでいよ。辛抱せよ、辛抱せよ、神がお呼びになるまでは。そうすれば『我ここにあり』と言うことができる」という告白になったのです。

これは「いやし」が直ちに治癒や解決を意味しないことを意味します。「いやし」が治癒や解決を包含することはあり得ることです。しかしながら、病んでいる状態が「治癒」することなくそのまま継続することがあったとしても、なおその状態のままをよしとする生き方が獲得されるなら、そこには「いやし」があると言うべきです。あるいはまた、生活上の問題を抱えており、それが解決に至らない場合でも、問題自体から新たな肯定的意味を見出し、創造的生き方への指針を得るといったこともあるでしょう。これを「いやし」と言わずして、なんと言うでしょうか。

このような信仰を獲得するために、彼は強烈な言葉を残しました。「キリストに生きるために死ね」という言葉がそうです。人は、自分のために生きているという思いから解放されないかぎり、いつまでも、自分の健康と幸福を追い求める願望成就の虜になってしまいます。

この縛りから解放されるためには、「今、あなたの身に起こっていることは、自分の事実か、それとも神の事実か」――それを問わねばなりません。この地上は、病と不幸の嘆きに満ちています。しかし、その地上こそがキリストの働き場であることを知れば、「世の中がイヤになったから目を背けてはならない。世の中がイヤになればなるほど、そこにキリストの働き場を見る」というブルームハルトの言葉を答えとすることができましょう。ブルームハルトは、「病を得るのも神の御心、病がいやされるのも、神の御心」という言葉を残しています。神の事実として、病や不幸を受け止めることは、つまるところ、そのブルームハルトの言葉を自分のものにすることにほかなりません。

すべてを神の御心として受け止めて生きる人は、決して少ない数ではありません。きっと身近なところにそのような生き方をした人をご存じの方もおいでになることでしょう。ここに挙げた玉木愛子さん（一八八七―一九六九）もそのような一人です。一般によく知られた人ですから出生の経緯は省きますが、もし知りたい方があれば、『わが命、わが歌』をお読みになるとよいかと思います。

私がこの方を取り上げた理由のひとつは、ハンセン病が不治の病と見なされ、かつ、この病に罹った人々は肉親と離れ、社会的にも偏見と差別の中で、手足に不自由さを帯び、両眼の視力を失いつつも、信仰によって八十二歳まで生きた信仰の証人だからです。
ここにいくつかの句を取り上げていますが、「神の事実」に生きる信仰者はかくも不思議な明るさとある種のユーモアを湛えた句を詠むことができるものかと感じられるはずです。

目をささげ手足をささげ降誕祭《クリスマス》

信ずれば天地《あめつち》のものあたたかし

かえりみて豊かに病めり走馬燈

（二〇一七年十二月十七日、日本福音ルーテル教会飯能集会にて）

自死を巡る問題
——教会の現場から

信仰者であっても自死を選ぶことがあるのです。しばらく前までは、自死は秘された出来事として取り上げられることが多かったのですが、最近では、自死もまた死の問題として隠されることなく語られるようになってきました。自死の原因がうつ病であるとの認識が社会的に認知されるようになってきたことが、その理由と思われます。

しかしながら、なお自死については、自然死と見なすにはまだ納得しない世間の目もあり、とくに自死者を出した家族は、突然に消えた当事者へのやりきれない思いと世間から向けられる誤解や偏見の眼を意識しなければなりません。とくに日本の精神風土の中では自死は家の恥であるとされ、世間に顔向けができないという意識を持って日常を送ることもあるのです。そこに求められるものは、自死をどのように受け止めるべきか、とくに信仰者でありつつ自死を遂げた人をいかに受け止め、また残された人たちへの支えを教会はいかになすべきかを考えなければなりません。

自死と教会

死については、信仰の言葉には、死を含むすべての人の魂をゆさぶるような慰めに満ちた言葉があります。ルターは「キリスト者は、死へ向かうのではない。キリストに向かうのである」と言い、ハイデルベルク信仰問答は、「生きる時も死ぬ時も、あなたにとってなくてならぬただひとつの慰めは何ですか」と私たちに問いかけ、「キリストのものとされていることです」との答えに死の委ね先を知ります。自死についても、これまでもさまざまな角度から取り上げられてきました。中でも、ボーレンの『天水桶の深みにて――こころ病む者と共に生きて』(日本キリスト教団出版局)のような精神疾患と自死について神学的に深められた書も読むことができます。

それらから汲み上げた慰めと希望の言葉を、牧師は牧会の場で、教会の責任として、悲嘆に暮れ、時には悔しさや、怒りの面持ちで立ちすくむ人に届けねばならないのです。

幸いにして教会には、死と生の断絶がありません。神は生ける者の上にも、死せる者の上にも主でいてくださいます。何よりも、そこにこそ、人が求める究極の慰めと希望を届けるにもっともふさわしい牧会配慮の源泉を教会は持っていることを見出さねばなりません。

だからこそ、自ら命を断った人にとっても、主のもとにあることが究極の慰めと希望となるのではありませんか。そのあたりを牧会的に掘り下げるのが、自死者また関係者への教会における責任といってよいのではないでしょうか。

近年、自死の動機や、その心理的プロセス、自死の手段の分析は数多くなされてきました。それらが、大切な観点であることはもちろんのことです。それによって、自殺予防の方策に大きく貢献してきたからです。また自殺が持つ死の文化や歴史が意味するもの、社会的影響など、そこには、人間の死が意味する奥深さや、そこから見える生の実存に捨て難い魅力を与え、幾多の文学作品を生み出し、哲学的思索の対象ともなったことは事実です。自殺の世界を通して、自然死では知り得ない死の多様な断面を知ることができたのも事実です。自殺の世界がなければ、人は死の世界の深みに入ることができず、表層的な死の世界しか知らなかったかもしれないからです。

ここから見えてきた課題を考えるなら、大きく二つの点に絞ることができましょう。一つは、教会という人の死と生を扱う世界で、どのように自死の問題を扱い、そして死に遭遇した人々が悲嘆からの回復という課題を背負っている中で、とくに自死が持つ悲嘆に対して、どのような答えを得ることができるかであり、もう一つは、残された者が自死者の死の向こう側に希求する、さまざまな思いにいかに対応することができるか、ということです。それらを牧会という場で具体化し、慰めと希望を提供することが課題となると思われます。

自死の受け止め方

今どき、自死者の葬儀をしない教会はよほどのことがないかぎり聞いたことがありません。また、自死が隠し事として扱われることも次第になくなってきた風潮を考慮すれば、自死者の葬儀がさほど抵抗なく教会で行われるようになってきたことは、自死に対する理解が進んだということであり、自死に込められた当事者の思いやその家族、近親者への配慮が重視されるようになったと評価してよいと考えられます。

しかし、教会であっても自死への評価は、間違ったことをしでかしたのだという否定的な判断が底流としてあることは否定しがたく残っています。事実、自死者が自ら命を断つことは、命の自己コントロールであって、それを罪と見なすのは一般通念でもあるからです。それは、生殖医療に見る命の生み出しへの人為的操作が問題となるように、自死もまた命への人為的操作が行われたこととして反倫理行為と見なされるからです。

けれども、生殖医療の世界における生命操作と異なる点は、自死はすでに命として完成したものを破壊することにあるという見方があります。しかも完成した命は、ひとりで生きてはいないことは確かです。社会の中で生きてきた以上、多くの他者との関係性の中で命の営みが行われてきました。通常の死もまた関係性を損ないますが、それ以上に、自死は密な関係を持った他者から見れば納得し難い突然の衝撃的別れの出来事となるのです。納得し難いというより許し難い別れを周辺部の関係者に与えます。だから、評価が否定的となり、それがついには裁きとなるのです。そのほうが納得し難い死への答えが出るからです。だから、自死は受け入れ難い死として、ネガティブな批判の対象になります。そしてあれこれと死の理由の詮索が行われ、結局は生きていれば何とかなったのにとか、死んで花実が咲くものかと結論付けられることにもなりかねません。

そのような否定的な評価にさらされたくないと客観的に受け止めれば、自死への回避が成立することはあり得るでしょう。しかし、当事者の身になれば、裁かれるような理由で死んだのではないと口惜しい思いをするのではないか。まして近親者や生前親しかった関係者の思いからすれば、腹立たしい思いにさえ駆り立てられることもあるでしょう。

自死者を巡る教会の葬儀

ある教会での自死者の葬儀に出席したことがありました。「この人は罪を犯したのである。この人は、あなたは殺してはならないという戒めを破ったのである。けれども、十字架のキリストはこの人の罪を赦してくださった」という決まり文句のような説教が語られたのです。

別の教会では、当人がどのようにして死に至ったかを縷々《るる》述べる説教がありました。それは死のリアリティーには違いありません。でも、それで何が結論づけられたというのでしょうか。そこには、死んで何も反応を示さない死体と、そしてその人の過去があるだけだという前提だけで葬儀が終わった感じが残っただけでした。当人が生きていたら、それは違うと叫んでいる彼の声を聞くような思いが残りました。

もっとも近いところにいる、家族近親者にとっては、いても立ってもおれない気持ちがしたのではないか。彼らは、日々寝起きを共にし、毎朝顔を合わせて、食事をした一人の家族を、失いたくはない、もっと抱きしめていたいのです。家族の中では、当事者は、まだ生きているからです。

そのような思いを持った、家族近親者が慰めを受ける説教を聞いていることを忘れてはなりますまい。教会に馴染みの葬儀社さんが言いました。「死んだ人を生きているかのように扱います」と。

説教については、日頃教会と無縁な一般の参列者もまた、牧師がどのような説教をするだろうかと聞き耳を立てています。彼らは、興味半分に耳を傾けているのではありません。互いに語り合った仲間であり、一緒に仕事をし、しのぎを削った同僚の死を汚したくないのです。世間的な表現を使えば、葬儀では死んだ人間が浮かばれる話が聴きたいのです。暗い気持ちは引きずっているが、何となくホッとしたいのです。要は、それでよかったという世界を持ちたいと願っているからです。その背景には、当人が真面目に生きてきたことを知っているからです。自死を選ぶ人は、皆真面目です。私はそれを信じて疑いません。私の身辺にも何人か自死を選んだ人を知っていますが、生前不真面目に生きた姿を見たことはありません。

時として自死は偽装されることがあります。⑴事故死に見せかける　⑵病死、自然死を装うなどはそうです。自死であることからくる不利益を避ける、世間体を保つなど、残された者への配慮がそこにあることは確かでしょう。しかし、逆に言えば、それもまた、まっとうに生きた当事者の証でもあります。死んだ後は、どうでもよいというのなら、死んだ後のことなど心配することはありません。

「私の物語」を作る

私自身は、自死者の葬儀において、死を自ら選ぶ人は真剣に生きたのであって、その死の理由は、誰にも分からないと説教の中で言うことがあります。直接的な動機や理由は、知りうるかもしれません。しかし、本当の理由は、すべて神の御手の中にあります。神のみが知ることがあって、なぜ、死ななければならなかったか、それは亡くなった本人すら知らない。だから、神さましか知らないことは神さまにお任せしようと語ることがあるのです。ある自死者の葬儀が済んだ後、遺族がやって来て「神さましか分からないことがあるというのは本当だ。私たちはなぜあの人が死んだのか、その理由をさまざま探そうとした。その時の気持ちは、悲しいやら、口惜しいやら、腹立たしいやらで、何ともいえない気持ちだった。でも神さましか分からないことは、神さまに任せることが一番と言われると心が安らぐ」とつくづく言われたことがありました。おそらくは、この話は、その家族にだけ通じる話かもしれません。人が受ける慰めは、人によってそれぞれだからです。

自死者の心理的、社会的な理由はさまざまであっても、結局は、無性に自分を消し去りたいのです。となれば、うつ的になり思いは自己の奥へ奥へと向かいます。次第に道は狭くなり、自分の思っていることだけが全世界となってしまいます。時には、それが外に投影されて怒りとなり、自分と自分の周囲がすべて消えてなくなればよいとさえ願うことがあります。ひたすら、存在しないことこそがすべての解決となると思い込むのです。

自死への動機は以下に述べたように分類できますが、そのひとつひとつに個人ごとの異なる体験があるはずです。心中や犠牲死のような自死には人の涙を誘う当事者の物語が残されますが、ここに挙げたのは一般に自死と言える死の形相を持った場合に限りました。

一　直接的動機―挫折、不名誉、恥、喪失体験

二　間接的要因―生育環境、生得的気質、過去の出来事、重要な意味のある人物との死別、離別

右記に挙げた動機を持つ自死者にとって死は、生きようとする願いを叶えるすべての扉が次々と閉ざされていった結果として自己の存在を否定することが答えとなったのです。したがって自死者に共通するのは、自分が存在する理由と目的の喪失です。生きていても価値がないのであり、生きる目的もありません。「もはや、生きているより、死んだほうがましなのであり、生きていても仕方がない」のです。

しかし、この自死者の答えの中に教会が持つ牧会的関わりの重要な視点が隠されています。この社会では、生きている以上、何か役に立つことをすることを基本的な価値基準と

することが通念になっています。その役立ち方に従って、社会参加への営みが成立しているることは私たちの常識のようなものです。役に立たなくなれば、この社会に生きている価値もなくなります。そうなれば、死ぬことによって逆説的に自己の存在を証明する以外手立てはないことになります。

たしかに現代社会は、存在するだけでは価値を認めることはありません。「生きていても仕方がない」とは、生きている自分は、確かに存在しているけれども、それだけでは価値がないのです。しかし、この存在することだけに価値を認める世界があれば、人は生きることができるのもたしかなことです。

究極の慰めと希望は何か

たとえ人は、今の自分に失望し、前途を悲観するような事態に陥ろうと、誰かと「共にいる」ならば、問いだけあって答えがないところに身を置いたとしても、先へ向かって歩むことができることを私たちは知らねばなりません。

ＪＲ東日本は、自死者を増やさないために、ホームに駅員を増員して配置したということを聞きました。誰かがいれば、自殺を思いとどまる率が多くなるからです。最近、カウンセリングの世界では、withness（共にいる）の大切さが主張されるようになりました。

人は、誰かと共に生きる存在だからです。教会は、人の集団である以上、これを日常の牧会の中で提供することができる機会を多く持っていることに感謝したいと思います。

それ以上に、教会は究極の慰めと希望をサクラメントというかたちで提供します。サクラメントの世界は、言葉の世界ではありません。出来事として体験する世界です。

洗礼は新しい命へ生きることを体験する出来事であり、聖餐は十字架の主が共にいますことを出来事として体験する。しかもそれぞれに「かたち」を持っていることに注目をしたいと思います。「かたち」を持つことは、単なる形式ということではありません。慰めと希望をわが身に体験することができるということなのです。

その意味では、教会は、自死者を身近に持つ家族や自死念慮を持って相談に来る当事者がいるならば、サクラメントの世界を牧会配慮の場としてもっと慰めと希望の場として重視してよいのではないかと考えます。


（二〇一六年十月十四日、日本ルーテル神学校デール・パストラル・センター牧会研究会にて）

こころ病む人々と共に
——病みつつ、生きるために

こころの病を持つ人たちとの対話

教会は誰もが来てよい場所であり、誰をも拒否しない場所です。何十年も教会に来ている人もいれば、通りがかりに入ってきた人もいます。とくに資格条件を求められることはありません。こころを病む人にとってそのような教会は安んじて身を置くことができる居場所となるでしょう。しかも病人として教会に来ているのではありません。一人の人間として居場所を教会に求めているのです。

こころを病む一人の人が、あるとき私に言った言葉を未だに忘れることができません。

「教会に行くと二通りの人がいる。ある人は、私の傍に座ると一人分開けて座る。避けられていると思うとイヤになる。かと思うとやたらに優しい人がいる。当たり前に接してくれるのが一番よいのに」

最近、こころの病を巡って、新しい受け止め方がされるようになりました。フィンランドのトルニオ市ケロプダス病院で始まった「オープン・ダイアログ」、あるいはヒーザー・スチュアート他著『パラダイム・ロスト――心のスティグマ克服、その理論と実践』（中央法規出版）を通して、石丸昌彦先生（放送大学教授）が紹介しておいでになる「心のスティグマの克服」（スティグマとは不知、偏見、差別による傷痕）、また北海道の浦河にある「べてるの家」で実践されている「当事者研究」など、これらはこころを病む人を病者という視点からでなく、一人の人間として受け止める流れの中で生まれてきた考え方です。これらの新しいアプローチは、病人を治療するよりも人として生きていくための基盤を作ることを目的にしているのです。それも家族を含め周辺関係者と共に生きる力を養うためです。

教会では、キリスト教信仰に立った上での隣人との共生のわざを行うという基盤があります。そこにはヨハネ福音書一〇章に見るような羊飼いと羊の関係がなければなりません。

同じキリストという羊飼いに飼われた者としての羊仲間がそこにいるのであり、たとえ羊は互いをよく知らなくともすべての羊はキリストという羊飼いによく知られており、その中でお互いに共生のわざに従事しているというべきでしょう。それこそ教会らしい関わりの基盤です。病める者も健康な者も同じキリストの眼差しの中に置かれているのです。

同時に、同じヨハネ福音書一〇章一六節には「わたしには、この囲いに入っていないほかの羊もいる。その羊をも導かなければならない。その羊もわたしの声を聞き分ける。こうして、羊は一人の羊飼いに導かれ、一つの群れになる」とあります。教会のわざとしての牧会活動は教会の中だけに終わりません。イエスが言われるように「囲いの外」にも援助を必要とする人々がいるのです。

共に生きるための基盤

さいたま市にある「やどかりの里」は統合失調症を抱えて長期に入院している人が、社会に受け皿があって社会復帰ができれば退院することができるということで設けられた福祉施設です。創設者はすでに故人となられましたが、バプテスト連盟の信徒であった谷中輝雄さんです。私と吉岡光人先生（日本キリスト教団吉祥寺教会牧師）は日本キリスト教団の富坂キリスト教センターが設けた「こころを病む人たちのための研究会」の共同研究者であったことから、「やどかりの里」の利用者の座談会を開催することを計画し、ほぼ十名前後の参加者を得て開催しました。多くの方は二十年、三十年と入院生活を経験した人たちですが、皆さんは率直に自分たちのことを語ってくれました（その記録は『いやしから救いへ――心の病とその救い2』〔新教出版社〕に記載されていますので参照してください）。

座談会を通し、たいへん有意義なことを学ぶことができました。

ある人は仲間がいることは元気を取り戻すための支えになると言ってくれました。その方は「私はリサイクルショップで働いているのだけれども、すぐ疲れてしまう。そうすると仲間が『それじゃ帰って休みなさいよ』と言ってくれる。仲間だから相手の状態がよく分かる。休むと翌日元気を取り戻して職場に来ることができるんだ。これは有り難いことだ」と言います。

一人の女性がそれを聞いて「私は入院中知り合った人と結婚しているけれども、病院のお医者さんや看護師さんたちは、結婚生活はいろいろストレスがたまるから再発するかもしれないと心配してくれた。でも同じ病院の仲間たちは、再発したらまた入院したらいいじゃないと言ってくれました。案の定、再発したけれども仲間がそう言ったから安心して入院しました」と言い、仲間は安心して生きる支えであることを伝えてくれました。

ある人は「親族の間で結婚式や葬式があっても病院にいる時は、後から知らされた。でもこうして社会で生活するようになると呼んでくれて、家族や親族の中に座っていることができる。それが嬉しい」と当たり前に接してくれる思いを伝えてくれました。

結婚した女性の夫になる人が口を開いて「私は、この人と結婚するので、相手の親に挨拶に行かねばと思ったのですが、きっと反対されると思った。でもやっぱり行かねばと反対を覚悟で親の前で、娘さんをくださいと言いました。その時、相手の親が何と言ったと思います。不束な娘だけれどよろしく頼むと言ってくれたのですよ。娘を嫁がせる親なら誰でも言う言葉じゃないですか」。

またある人は言いました。「私の父はすでに亡くなりましたが、年を取って足が弱くなり杖をつくようになりました。それでも月に一、二度は必ず見舞いに来てくれました。その姿が忘れられません」と言いました。

家族は、メンバーがどのような状態であれ、仲間と同じように病状を心配しながらも普通の人として接してくれるのです。仲間であり、家族であること、これは教会に備わっている属性でもあります。私たちは教会を交わりと言い、兄弟姉妹と呼びます。これは、こころを病む人への援助の基盤を自ずと持っていることになります。

しかし、教会には別の側面があるのです。教会には誰でも集まることができるという点では、社会そのものでもあるのです。優しい人もいれば、厳しい人もいます。こころを病むことに理解を示す人もいれば、無理解な人もいるのです。

座談会に出席してくれた人の中には社会にある偏見や差別の問題に取り組んでいる人もいます。その人が言いました。「私たちはいろんな人が社会に生きていることを知らなければならない。そうなると面倒だけれども共に生きる社会を作らなければならない。それには許し合うことが必要ですね。同じ土俵に立って許し合う。それが当たり前になることです。それは目の前にいる人に挨拶をすることから始まる。当たり前に目線を合わせることです。社会に出れば失敗することもある。それは何も病者だけの問題じゃない。一般人だって失敗する。失敗を恐れることなく、そこから学ばなければならない」

誰でもが経験することを経験する。その中で生きる。社会で生きるとはそういうことでしょう。

私がルーテル学院大学で教えていた頃、研修旅行でカリフォルニア州モントレーにあるインテリム（Interim）を訪れたことがありました。精神科病院に長年入院していた統合失調症の人たちのための社会復帰を促す団体が経営している施設です。入所者はあらかじめ設定されたプログラムに従って、規則正しい日常的な生活に慣れるような生活訓練の時を過ごし、次第に地域社会に出て公共の交通手段を使うこと、金銭管理ができるようになること、さらには入所者に理解がある職場で働くことが順序よく整えられていました。これはすべて自主的に行われていて強制されているわけではありません。私たちが訪ねたときは、日本から来たゲストだというので、皆で考えてご飯を炊いて歓迎してくれました。

とくに社会との繋がりが重要視されていました。その一環として、入所者をケアするチームが形成されており、チームは医師、看護師、ソーシャルワーカー、カウンセラー、ボランティアから成り立っていました。私が興味を持ったのは、ボランティアの中にこころの病のことを知らない人も入っていることでした。その理由を聞くと、そのような人がいることによって、入所者がこれから生活をするであろう社会では、病者に理解がないために不快な経験をすることもある。そうした経験にあらかじめ慣れるためだとの説明を受けました。事実、この施設を建設する時、地域社会の反対もあったということでした。

施設では、社会の理解が自然に生まれるようにこちらから進んで地域社会の掃除をしているとのことでした。単にこころを病むことに対する偏見や差別を社会に訴える一方的な運動でなく、こちら側から進んで地域社会に奉仕をすることによって、当たり前の人間が生きていく共生の姿勢になるほどと思ったことでした。

最近、精神医学の進歩の結果、寛解状態の人が増えたこともあって日常生活を社会で送っている人も増えています。医療は受けつつも日常生活は社会という人たちでしょう。こういう人たちに必要な生き方は、「ありのまま」を生きることです。

はじめに申し上げた「やどかりの里」の人たちの座談会で、当たり前に生きることを大切にしている人が言います。「病気との葛藤とか闘いはあるけれども病気に振り回される人生でなく生きるのが大切。病気が主役の人生でなくて、僕自身が人生の主役なのですよ」と言った言葉が印象に残っています。

病みつつ、信じつつ

教会は、「羊飼い」であるキリストがいますところです。キリストがそれぞれの羊をよく知って見守ってくださるところです。羊もまた羊飼いを知っています。羊は羊だけで勝手に生きているのではありません。

このような世界が広がる教会では、信仰は病気が治るための手段ではあり得ません。治ろうと治るまいと、「ありのまま」を生きる生き方を獲得することでしょう。

このためには、病む自分を外から見守る存在を持つことは大切なことです。そこに教会が持つ究極的ないやしがあります。「知られている自分」と言ってよいでしょうか。その結果、安心感が生まれるのです。情緒が安定し、病む自分を受け入れることができるようになります。ある教会で、このような話をしたところ、一人の人が立ち上がって言いました。「僕は、これまで病院から教会に来ていたのだが、そのことを誰にも言ったことはなかった。僕は病気のことばかり考えていて、信仰を持てば病気が治ると思っていた。しかし、僕は僕の人生の主人公だ。病気は友だちと思えばよいことが分かった」

病気を脇に置くことができれば、いくつかのことが実現します。第一に自分という存在がどこにいても失われることがありません。病院にいると安心だが、仕事をしていると自分がイヤになることが少なくなります。情緒も安定し、一般に社会でもっともストレスを感じるとされている人間関係にゆとりが生まれます。結果として、健康な自分の領域が増え、社会生活にも適応していくのです。人は誰でも、健康な自分で社会生活を営んでいるからです。

教会は社会であると申しました。おそらく病むとストレスを感じるかもしれません。しかし、誰しも、どこかに病んだ部分を抱えつつも、健康な部分を使って教会で奉仕をしたり、日常の生活をできる範囲で営んでいます。教会は、そのような健康な部分を広げるよい場所でもあるのです。そして病気の症状がかなりひどいと思われる状態であっても、どこかに健康な部分を残しています。その部分を広げるためにも教会は、仲間性、家族性、社会性を備えていることを知っておきたいと思います。

有名なクラインベルという牧会カウンセリングの学者は、教会はこころを病む人がいるならば、一人の人に任せないでチームで支えるとよいと主張しています。それも組織的にチームを組むのでなく、こころある人たちが自然に集まってケアをするようなチームがもっとも願わしいと言います。それも共同体としての教会の現実対応と言えましょう。また教会は信仰共同体であることも忘れるべきではありません。こころを病む人のみならず、重度の障がいを抱えて、自らの意思で信仰告白に至らない人々のために教会がそれらの人たちの信仰に責任を持つことも大事なこととして考えるべきでありましょう。

（二〇一八年二月二十一日、キリスト教カウンセリングセンター研修所にて）

人間関係を円滑にするために
――ストロークの重要性

はじめに

人が問題を抱えるとその問題のどこかに人間関係が損なわれていると言われます。また逆に人間関係が損なわれると問題が生じると言われます。それほど人間関係は、人がこの社会を生きるにあたって重要なことなのです。この人間関係を説明するにあたって、交流分析（Transactional Analysis）という実践的な心理理論がありますので、それに基づいて説明することにしましょう（なお、交流分析〔略してＴＡ〕についての全体像をさらに知りたい方は、下記をご参照ください。ＣＣＣブックレット№.７賀来周一著『自分を知る・他人を知る

――交流分析を土台に』キリスト新聞社）。

ストロークの不思議

人には年齢に関係なく、認められたいという欲求があります。これを承認飢餓と言います。この承認饑餓が満たされないと空しい気持ちになるのです。承認饑餓を満たす刺激のことをストロークと言います。ストロークにはさまざまな意味があり、たとえば脳卒中の発作、ボートの一漕ぎ、水泳の一掻きなどもストロークですが、TAでは動詞形で「撫でる」、「擦る」の意味で使います。撫でたり、擦ったりすれば、承認することになるからです。TAはエリック・バーンという人が開発した理論ですが、元はフロイトの精神分析を土台にしています。その点では非常に奥の深い心理理論と言えるでしょう。

なぜ人はストロークを求めるかと言えば、ストロークがなければ人はこの世に生きていないからです。エッと思う方があるかもしれません。人は母親の胎内からこの世に命を持って生まれ落ちますが、生まれ落ちて、そのままであれば死んでしまいます。人間以外の動物は生まれ落ちれば、すぐ自分の足で立ち、母親の乳房にすがることができます。人間の子はすぐに自分の足で立って歩くことができません。さらに倍ほどの期間、母親のお腹の中にいれば、生まれてすぐ立って歩いて母親の乳房にすがるでしょうが、赤ん坊が生まれて生きるためには、誰かの手が触れて母親のところに連れて行ってもらわなければ生きることが始まりません。助産師もしくは看護師が産湯を使わして母親の胸元に連れてきて初めて生きることが始まるのです。場合によっては、母親自身が取り上げることもありましょう。いずれにせよ、赤ん坊は最初に取り上げた人物の手の感触をストロークとして受け取っているのです。

ストロークがなければこの世に生きることはなかった——これはストロークがいかに重要であるかを意味します。しかし、百パーセント満足できるストロークは現実には有り得ないので、人は死ぬまでストロークを追い求めるのです。それほどストロークは生きるためになくてならないので、無理矢理にでもストロークをもらおうとします。子どもがしょっちゅういたずらをして、そのたびに親から叱られているなら、日頃ストロークをもらったことがないので叱られて不快さを感じたとしても認めてもらったことには違いないので、いたずらをしてでもストロークをもらおうとするのです。

ストロークには不思議な効果があります。ストロークをもらうと自分だけの世界が広がります。たとえば大勢の中で自分の名前が呼ばれるとその他大勢の人々は消えて自分だけを意識した経験を持ったことがあるかと思います。もし誰からもストロークが来なければ、空しい気持ちになることでしょう。その気持ちが高じると死んでしまいたくなるかもしれません。学校などでいじめの問題が取り上げられますが、友だちから無視されることはとても辛いことで、不登校の原因になったり、場合によっては自死を招くことさえあります。ストロークがないからです。

発達心理学では、人は〇歳から一歳半までの間に基本信頼という課題を達成する必要があると言います。基本信頼とは、生きていてよい、この世界は自分を歓迎しているという無意識の気持ちです。この気持ちは命をくれた母親の胸元に抱かれる感覚のストロークから始まるとは不思議なことです。

ストロークには種類がある

それほど重要なストロークですが、ストロークには次のような種類があり、それらが単独で用いられることはほとんどなく、組み合わせて用いられるのが普通です。

種類は以下のように分けることができます。

①言語的ストロークと非言語的ストローク
②肯定的ストロークと否定的ストローク
③条件付きストロークと無条件のストローク

(1)言語的ストロークと非言語的ストローク

言語的ストロークと非言語的ストロークについて考えて見ましょう。

Aさん「お変わりありませんか」

Bさん「有り難うございます。元気にしています」

AさんとBさんは言語によるストロークを交換しました。言葉でお互いを認め合っているのです。

非言語的なストロークもあります。非言語的ストロークには心理的ストロークと感覚的ストロークがあります。AさんとBさんは、お互いに見つめ合いました。非言語的なストロークで心理的にストロークを交換したのです。この場合は相互の間に距離があることに気付きます。

やがてAさんはBさんに手を差し出しました。それに応じてBさんもAさんの手を固く握りました。非言語的で感覚的なストロークを交換したのです。この場合は二人の間に距離がありません。

AさんとBさんは、これら三つのストロークを同時に経験しました。お互いを認め合う度合いが大きくなったのです。ストローク密度が増えたことになります。

(2) 肯定的ストロークと否定的ストローク

ストロークには心地よく感じるストロークと不快に感じるストロークがあります。前者を肯定的ストロークと言い、後者を否定的ストロークと言います。簡単に言えば、「褒める」のは肯定的ストロークで、「叱る」のは否定的ストロークです。非言語的な心理的ストロークで言えば、ウィンクをすれば肯定的で、しかめ面をすれば否定的です。感覚的には体を優しく擦すると肯定的ですが、引っぱたけば否定的なストロークを送ったことになります。

(3)条件付きストロークと無条件のストローク

ストロークは言語的であれ、非言語的であれ、条件が付くものと付かないものがあります。言語的ストロークで条件が付く場合とは「あなたはよく勉強しましたね。素晴らしい」などと肯定的ストロークを送ったとします。「よく勉強をした」という条件を満たしたので「素晴らしい」のです。否定的ストロークであれば「算数を復習しないから、ダメなのよ」となるでしょう。「算数を復習しない」という条件が付いて「ダメ」なのです。「よく勉強をした」という条件を外して「素晴らしい」とだけ言えば、無条件のストロークを送ったことになります。

非言語的な場合はどうなるでしょうか。ホコリを被った机を指さしてにらみつけると条件の付いた心理的な否定的ストロークを送ったことになるでしょうし、子どもが自分から進んで勉強机に向かっているのをしばらく見て、黙って頭を撫でてやれば条件の付いた感覚的な肯定的ストロークを送ったのです。

通常ストロークは子どもを躾《しつ》けたり、人を評価する場合に使うことが多いと思われます。このようなとき、条件が付くと「行為」へ、無条件の場合は「存在」にストロークは送られることを知っていると役に立ちます。「行為」は「存在」の一部です。条件が付くと「行為」へストロークが送られます。いたずらをした子どもを叱るとき「そんないたずらをして！　ダメな子ね」と言えば、いたずらをしたので叱られたのであって、その子は「存在」の一部だけを「ダメだ」と否定されたことになります。その子は「存在」そのものを否定されたのではありません。「あなた！　ダメ」と叱られたとすると「存在」することが否定されたことになります。子どもを躾けるときに条件を付けて「行為」だけに否定的ストローク、つまり叱れば子どもは存在の一部だけ否定されたのであって、すべてを否定されたとは感じません。褒めるときは、その反対に条件を外して「素晴らしい」と「存在」に肯定的ストロークを送れば、子どもはすべて肯定されたことになり、いっそう勉強に励む気持ちを持つことでしょう。

人を評価するときも注意や指導をする場合、特定の行為だけ注意すればすべてがダメとは思わないでしょう。たとえば書類の字を一字だけ間違えたとします。「君はいつも字を間違えるね。これではダメだよ」と言えば、すべて否定されたと感じるかもしれません。

これなどは指導的立場にある人が心得ていれば部下を掌握するのに役立ちます。

ただし、いつも褒められてばかりだと褒められたと感じなくなります。逆に叱られてばかりだと叱られたと感じなくなります。ストローク効果を上げるには肯定的ストロークがあって否定的ストロークが効果を発揮するのです。その逆も成立します。理論的には、一回叱ったら一回褒める、またその逆でもよいのですが、現実ではそうはいきません。現実の学校や社会では否定的なストロークで満ちあふれていますから、一回叱ったら一〇回褒める必要があると言われます。ストレスの多い生活が続く今日の社会では子どもも大人も肯定的ストロークに飢えています。だからこそ肯定的なストロークが求められるのです。

ストロークは貯まる

ストロークには貯蔵性があるのです。ちょうど銀行にたくさん預金を持っている人は惜しみなくお金を使うように肯定的なストロークを貯めている人は褒め言葉が次々に出てきますが、否定的なストロークを貯めていると厳しい言葉がつい出てきます。日頃から自分自身のストロークのくせに気付いていれば、肯定的なストロークを貯めているか、否定的なストロークを貯めているかに気付くでしょう。気付いていれば置かれた状況に対して肯定的なストロークを送るか、否定的なストロークを送るか考えて適切なストロークを送ることができます。

ストローク授受のくせを見抜く

人は、幼児期からの成長にあたって、ストローク交換について五つの法則を親から教えられているとTAの学者は言います。五つの法則は、人によってひとつだけ身に付けていることもあり、または数個の法則を使うこともあります。これをストローク経済の法則と称しています。この法則に従うとストローク不足に落ち入ることがありますので自分のストローク授受のくせを見抜くことが必要です。

(1)ストロークを与えるべきときに与えない。

相手に褒め言葉を送ろうかと思ってもつい言いそびれてしまう。そんなことがたびたび自分に起こっている。あるいは叱るべきと思っても遠慮して見過ごしてしまう自分がいるなどといったことがありませんか。

(2)ストロークを必要とするときに、要求しない。

何事か考え付いたことがあって、自分ではよいアイデアと思っている。相手の意見を聞いてみたいとこころの中では思っているが、自分からは言い出しにくいということはありませんか。

⑶ストロークを欲しいときに、受け取らない。

せっかく人が褒めてくれたのに、つい「いやいや、それほどまでは」と素っ気なく遠慮してしまう自分がいる。本当は、有り難いと思っているのだが、言葉にするのが難しい。もらったストロークが求めていたストロークなら素直に「有り難う」と言えばよいのです。

⑷ストロークを欲しくない時に、断らない。

「また言われてしまった」と落ち込んでしまうことはありませんか。ストロークは断ることができます。言われたくないことを言われたら、「それはあなたが考えていることでしょう。私とは関係がありません」とこころの中で断ってしまえばよいのです。嬉しいストロークなら喜んで受け取り、イヤなストロークは断ることができる、これを覚えておくと不愉快にならずにすみます。

⑸ストロークを自分に与えない。

人からもらうストロークも他人からもらうストロークも実は同じなのです。自分で自分を褒めても仕方がないと思い込んでいる人がいますが、そうではありません。勉強をしながら、自分の拳で肩をポンポンと叩いて「頑張るぞ」と言って自分を励ますことがありますが、これなど言語的な感覚的なストロークを自分に送って気分転換を図っています。カウンセリングに来談する人の中には自己肯定感が低い人がいます。うっかりすると自分はダメな人間であると思い込んで否定的な心理的ストロークを自分に送っているかもしれません。目標を立ててスポーツをすることでもよし、「よし、やるぞ」と自分に声をかけるもよし、一度でダメなら繰り返し何らかの肯定的ストロークを自分に送ることで「やればできる」と自分に自信が付いて、自己肯定感が高くなります。

これらの法則は自分の中にいつの間にか禁止令として取り込んでいますから、ほとんど無意識にこの法則に従っています。まったくこのような法則には従っていないと思う人もいるかもしれませんが、よくよく自分のストロークのくせを考えると一つや二つは取り込んでいるものです。人によっては、五つすべて持っているかもしれません。もし自分のストロークぐせがこうしたストローク経済の法則に従っていると気付いた場合は、これらの法則を許可令に変えるとよいのです。

ストロークを与えるべき時に与えない↓……………与える
ストロークを必要とする時に、要求しない↓………要求する
ストロークを欲しい時に、受け取らない↓…………受け取る
ストロークを欲しくない時に、断らない↓…………断る
ストロークを自分に与えない↓………………………与える

許可令に変えることによって、ストローク不足から解放され、より豊かな人間関係を自分の周りに作ることができます。

ストロークは適切さが必要

ストロークを送るときには、相手がそうだと納得するように送ると相手もそれに応じてストロークを受け取ります。褒め言葉を相手に送ったときに相手も納得するところにストロークが来れば納得感が湧くに違いありません。たとえば、絵を描いた人がいたとします。自分でもよく描けたと思っていたところへ、「素晴らしい絵ですね」とストロークがくれば、嬉しさが込み上げてくるでしょう。

ストロークには、ストロークを送っているのだけれどもストロークにはなっていないものがあります。やたらに褒めたり、お世辞たらたらとストロークを送ることをマシュマロ・ストロークを送ると言います。マシュマロを投げつけられても痛くも痒くもないからです。

偽ストロークと言われるストロークもあります。一旦肯定しておいて、ちょっとけちを付けるようなストロークのことを言います。「パソコンを買ったのかい。そのメーカーよりこっちのほうがいいけど」というようなストロークのことを言います。人は礼儀を心得ていますから、失礼にあたるようなことを言うことは滅多にありませんが、ついそう言ってしまうこともなきにしもあらずですから、気をつけたいものです。

これらのストロークとはひと味違って、ターゲット・ストロークと言われるものがあります。その一言で人生が変わるようなストロークのことを言います。医師、教師、牧師、カウンセラーのように人の人生に影響を与えるような仕事に従事している人は「先生のおかげで助かりました」とか「あの一言がなかったら、どうなっていたか分かりません」などといった言葉を聞くことがあります。大抵の場合、言った方はすっかり念頭になく、人の人生を変えるようなことを言ったかなと頭をかしげるでしょう。言われた方もその一言を聞いて、突然目が覚めたような気持ちになるのであり、送った方もすっかり忘れているようなストロークです。

人は、こころのどこかにターゲット・ストロークをもらうとそれで目が覚めるような気持ちになるスポットを持っていると言われますが、それがどこにあるか分かりません。送る側でも知らずにターゲット・ストロークを送っているのです。私は日頃から血圧が高いのですが、診察に行ったお医者さんから「僕も血圧が高いですよ」と言われて、急に安心した気持ちになりました。人が職業を選ぶとき、小さい頃に学校の先生から「君は絵がうまいね」と言われたことが、ずーっとこころに残っていて、いつの間にか画家になっていたなどいう話を聞きますが、それなどもターゲット・ストロークは蒔かれた種だったのでしょう。

ストロークは生きるために不可欠です。また人生を生き抜くためにも、この社会の中で人間関係を円滑に営むためにも欠かすことができません。

（二〇一二年十月十一日、キリスト教カウンセリングセンター交友会ヒマラヤ杉の会にて）

生き方、死に方
――寅さん映画を裏から見ると

私はキリスト教カウンセリングを専門としていますが、とくに死と生の両面を見据えながら、人が生き方を定めたり、きちんと死を迎えるために何がなければならないかを働きとするスピリチュアルケアと取り組んでいます。貧しい経験ではありますが、そこから見えてくることを中心にお話し申し上げたいと思います。

安心感を求める日常の世界

聖書を紐解いておりますと、ルカ福音書一二章に「愚かな金持ちのたとえ」が出てきます。

　ある金持ちがいました。ある年、畑の作物が豊作で、これまでの倉では小さすぎると、もっと大きい倉を立て直し、そこに作物も財産もしまいこもうとします。

　そこで、この金持ちは「こう自分に言ってやるのだ」「これから先、生きている間は安心だ。食べたり飲んだりして楽しめ」。でも人間は死ぬ。しかも死は予期せぬ間にやってくる。それでよいのか、というのがイエスの教えなのです。

　この話は、ごく日常的な私たちの生活の営みに重ねてみることができます。人は皆、金持ちのたとえに見ることができるように生きている間に安心感が欲しいのです。安心感とは、言い換えれば、「これで大丈夫だ」と自分に言い聞かせることができるモノを自分の手に入れることでしょう。


　ご存じフーテンの寅さん映画を見ていると「これで大丈夫」という安心感を探す人物として描かれていることに気付きます。それも目に見えるモノに限りません。見えないけれど心の置き所のようなモノも寅さんは求めて止まないのです。さて、そのような寅さんが求めて止まない安心感はどこにあるのでしょう。

　そのことに触れる前に、寅さん映画に関連して、少しお話ししておきたいと思います。

寅さん映画の監督は、ご存じの山田洋次監督。かつてその監督助手を務め、今は牧師をしておいでの方がおられます。その方から寅さんのセリフには、人間がふと日常の中で、ぜひそうあって欲しい。それがあれば大丈夫、ちゃんと生きることができると感じるようなセリフが入っていると聞きました。

そう言われて寅さん映画を見ていると、いろいろなところにそのようなセリフを発見します。

たとえば、「日暮れ時、農家のあぜ道を一人で歩いていると考えてごらん。庭先にりんどうの花がこぼれるばかりに咲き乱れている農家の茶の間、灯りがあかあかとついて、父親と母親がいて、子供たちがいて賑やかに夕飯を食べている。これが……これが本当の人間の生活というものじゃないかね、君」（第八作「寅次郎恋歌」）。

でも、こうした思いはなかなか具体的に実現しません。寅さんはそうありたいと一生懸命生きているけれども、どこかでつまずいたり、途中で折れてしまう。

だから、こんな映画の光景があったことを思い出すのです。時刻は夕暮れ、好きなマドンナの女性と未練の残る別れの寂しさを背中に、「それを言っちゃ、おしまいよ」といつもの台詞を吐いて、帽子を後ろななめに、例の薄茶色の草臥《くたび》れたような背広、四角い鞄《かばん》を手に雪駄《せった》を履いて、柴又の駅へ向かう。その後ろ姿を見送るように帝釈天の鐘がゴーンとなる。

寅さんにとって「これでいいんだよ」、「よくやったよ」、「そこにいれば心配ないさ」と言えるような生きるための「安心」の拠り所を探してさすらいの旅がまた始まるのです。

寅さんの居場所としての「とらや」の茶の間

漂泊の旅の中で彼がいつも思い出すのは、「いつでも帰ってきていいよ」と言ってくれる葛飾柴又の団子屋「とらや」なのです。だから「とらや」の茶の間は、寅さん映画の中心になるように設定されているのです。こういうセリフもあります。

「失敗してもよ。故郷があるからいいやって思ってるからよ。おいら、いつまでたっても一人前になれねえもんな」

「俺は、帰らねえ。……どんなことがあっても帰らねえ。でもよお。俺帰ると、おいちゃんやおばちゃんが喜ぶしなあ。さくらなんか。お兄ちゃんバカね。どこ行ってたの。目に涙をいっぱい溜めてそう言うんだ。それ考えるとやっぱり帰りたくなっちゃったな。でも俺は二度と帰りませんよ。でもやっぱり帰るなあ」（第六作「純情篇」）

寅さんの生きざまには、安心感がありません。いつも不安定なのです。しかし、不安定だからこそ、人生になくてならぬものが、その後ろに見えます。

彼の後ろでその不安定を支えるのが、帝釈天です。御前様が言います。「おい、寅か、帰ったか」。そこで、彼はホッと安心するのです。そこで人生を生きていていいよと保証するものが帝釈天にあるのです。つまり寅さんの後ろには宗教があるということでしょう。

先に紹介した元監督助手の牧師がこんなことを言われたことがありました。「あの映画から帝釈天をとると、とてもつまらない映画です。帝釈天は、漂泊の旅人寅さんに究極の安心を与える。その意味では帝釈天でなくて教会でもいいんです」。

故郷に帰るという意味では、寅さんは、ルカによる福音書一五章の放蕩息子かもしれません。しかし、寅さんには家で迎えてくれる父親はいないのです。いないというより、彼を心底から待っている存在があることに気が付いていないということでしょう。

そこに人生の現実が見えます。人生には、絶対とか、究極というものがないことを寅さんに見るのではありませんか。夢は壊れ、これさえあれば安心だというものがない。しかし、それが、人々と寅さんを同化させるのです。だから、映画を見る観客は、スクリーンの寅さんを現実の自分の分身のように感じて、寅さんにエールを送っているようで実は自分にエールを送っています。

でも人生が抱え込んだ、あいまいさや不確実の奥深く潜むのは、いつなんどき死ぬかわからない我が身です。そして、死が来れば、すべては終わりという現実を含んでいるのも人生なのです。

そのとき、死はこのままで人生が終わってよいのかとの問いを人間に投げかけます。その問いに、目に見えるモノは答えになりません。役に立たないのです。寅さん映画にあって揺れないものは、帝釈天に象徴される宗教的な存在です。帝釈天の御前様は、「帰ってきたか。寅」と言ってくれる存在である。その御前様が、寅さんの安心を外から保証している。それに寅さんは気付かない。寅さんは知らないが、寅さん映画を見る観客には、よく分かるのです。

寅さんこと渥美清の安心感

キリスト教保育連盟信濃部会の夏期研修に招かれたことがありました。たまたま、松本で教会の牧師をしておいでの田所先生にお目にかかる機会がありました。少々寅さん映画についての話が出た折に、先生が「実は渥美清は私の伯父なのです」と言われ、さらに「彼は洗礼を受けました」と言われたので、私はびっくりしたことを思い出します。

寅さんこと渥美清、渥美清こと田所康雄はクリスチャンだったのです。エッと思われる方もあるかもしれません。でもこれは事実。寅さん映画最後の第四八作「寅次郎紅の花」

のロケ時期はもはや渥美清のガン末期でした。その後幾ばくもなく、彼は病床洗礼を受けたのです。夫人がカトリック信者だったからその影響が大きかったと思います。

彼は「寅さん」として、人間は究極の安心を求めていることを彼の漂泊の人生に映し出してくれました。それによって誰もが、自分の人生に何が無ければならないかを知ることができるのです。

そして映画の寅さんが求め続けた安心感を、信仰者として究極のかたちで知らせてくれたのは、実人物田所康雄でありました。

（二〇一三年四月二十一日、日本キリスト教団目白教会創立百周年記念礼拝にて）

第二部

随想

「ああ、そうか」と言えるために

コリントの信徒への手紙Ⅱ六章二節に、「今や、恵みの時、今こそ、救いの日」とあります。

人が物事を決定して、なんらかの変化を得ようとするなら、自らの意志によって決断をしなければなりません。意志とは現在においてのみ働くものです。意志は決して過去に働くことはなく、未来に通用することもないのです。意志は常に現在のものです。その意味からすれば、決断の時は常に「今」をおいて他にありません。人が生活の中で抱え込んだ問題の答えを探したり、あるいはさらに成長の機会を得たいと願うなら、それこそ「今」という時に意志を働かせて決断をすることが求められるのです。その意味で決断の時としての「今」をどのように受け取るかが重要となるに違いありません。

パウロは、「今」という時を大切にしました。変化を期待するなら「今」でなければならないからです。しかも、その「今」が変化への決断を促す時であるためには、「今」の時が恵みであり、救いであるとしなければならないと言うのです。ここに込められた意味は、「今」という時は、否定されるべき時、動かし難い時ではなくて、「今」は、肯定すべき時、動的な時であって、そのような「今」が、あなたの「今」なのだと言っているのです。その意味で言えば、「今」は静止した状態での時でなく、これから何かが始まろうとする動的な「今」であるはずです。

私が専門とするカウンセリングでは、その学びの中で「今、ここでの気付き」をとても大切にします。人が問題を抱えるとき、時間の流れの中で事態は推移します。そしてその流れの中に変化を起こし、その変化から事態を良い方向へ導くのがカウンセリングの働きです。その変化は決して過去にも未来にも起こりません。変化が起こるのは常に現在です。そのためにカウンセラーは「今、どんな気持ちですか」、「今、何があなたの中に起こっているのですか」、「あなたは今どんなことを考えているのですか」と問いかけるのです。これらの問いは「今」の自分の中に変化を作るきっかけのようなものです。

そして、たとえほんの少しでも「今」の自分の中に変化のためのきっかけが生まれると、「ああ、そうか」という言葉が出てきます。どれほど小さな変化であっても、また大きな変化であろうと、言葉にすると「ああ、そうか」になります。ただ、声が小さいか大きいかはありましょうが、いずれにせよ「ああ、そうか」は、いつでも「今」を見ていないと出てこない重要な言葉なのです。

自分の人生に「ああ、そうか」と言える「今」をたくさん持っている人は幸いです。「ああ、そうか」と言うたびに、新しい変化を生活の中に発見するからです。そのためにこそ「今」という時を「恵みのとき、救いの日」にしたいものです。

IT時代の人間関係

牧師としては珍しく一般企業から管理職研修の依頼を受けて出かけました。人間関係の円滑化についてのなんらかのヒントとなるような話をということでありました。この時代、ほとんどの人は日常的にメールを使って情報交換をするのはことさら特別なこととは考えなくなってきました。企業においては、とくにそうです。メール抜きで仕事はできないのが常態になりました。メールは、会社で机を並べる同僚にも、遠く海外に勤務する仲間にも一瞬にして同一メールが届きます。しかもいつもの同じフォントで、決まったような定型文がコンピューター画面に現れ、その内容は会議のための日程調整であったり、業務上の命令と結果報告が中心となることでしょう。

そこに意外な落とし穴があるのです。気持ちの部分が伝わっていないのです。家族のことで頭はいっぱいだとか、業務遂行で一生懸命頑張ったとか、成果を出すべく何度も失敗を繰り返したが、めげないで仕遂げた結果だとか、体調が悪いにもかかわらず全力を尽くしたなどという部分はメールに反映されません。しかも結果次第では昇進や給与の額にも影響を及ぼします。

しかし、人は結果だけで自分を認めてもらいたくはないと内心思っているものです。「体調が良くなかったんだって」とか、「そりゃ、大変だったですね」などと気持ちに届く言葉が投げかけられると、ホッとして安心感が生まれます。たとえ失敗しても「頑張ったね」の一言が、もう一踏ん張りする力を与えることだってあるのです。

ところで、一般的に人間はどこを認めたり、認められたりしているかというと二つの世界でそれを行っています。二つの世界とは行為と存在のことを指します。人間の営みは常にこの二つの世界から成り立っているからです。「よくできているね」、「立派なものだ」などという言葉は、行為の世界が肯定的に認められていることを表します。ところが、行為の世界は人の営みの一部にすぎません。「私」という人間の営みは、あれこれさまざまです。ですから「よくできているね」と肯定的な言葉が投げかけられても、「私」という人間の営みの一部が認められたにすぎません。もちろん、それで嬉しくないことはありません。営みの一部でも肯定されれば嬉しいに決まっています。

でも、これまで述べてきたように、なぜ気持ちレベルへの一言が大切かというと、気持ちへの言葉は、人の存在を求める言葉になるからです。「よく頑張ったね」、「体の調子が悪いのに大変だったろうね」などは、行為に対して向けられた言葉ではありません。その人の全体を見ての言葉になっています。つまり存在が肯定的に認められて、ねぎらいの言葉となっていることに気付きます。「生きていてよかった」という気持ちにさえなるのは、その人の存在が肯定的に認められた時なのです。

教会や家族というのは、もともと「あれをした。これをしなかった」を評価の基準にしていないところです。つまり行為が評価の基準とならない集団と言えます。むしろ、誰でもその人なりに「いる」ことができる集団です。人が〈生きている〉ことを認め合いの基準としているのです。「互いに愛し合いなさい」とは、〈生きている〉存在全体を認め合うということにほかなりません。そのためには、気持ちに触れた言葉が求められます。

あいまいさを受容する

どのような素晴らしい発明や発見にも、偶然の思いつきや予想もしなかったことが絡んでいるように、世の中には、どうしてそうなったか分からない、けれども、とにもかくにもそうなってしまったということがあるものです。不確実さ、あるいは偶然といったことの隣り合わせにあるようなあいまいさは人の世には付きものです。

しかしながら、案外そこに人が生きる真実が見えるから不思議と言わざるを得ません。心理学者ゴードン・オルポートは、人間の問題を扱うときには、あいまいさを受容することが大切だと言います。

オルポートがこんなことをその例に挙げました。重篤の病人がいました。彼は、ある非常に高名な医師を信頼していて、その医師から診てもらえば病気は治ると信じていました。幸運にも、その医師の診察を受ける機会がやってきました。医師は病人を診察し、「モリブンドゥス（moribundus）」と言ったのです。ところがそれを聞いた病人は急に元気を取り戻し、めきめき回復に向かったというのです。「モリブンドゥス」とは、ラテン語で死にかけているという意味でありました。

また、幼児期時から指しゃぶりの絶えない男の子がいました。母親は心配のあまり精神科医師や心理カウンセラーを訪ね回りましたが一向によくなりません。この子が十歳になった時のこと、突然指しゃぶりを止めたのです。母親は、びっくりして「どうしてお前は指しゃぶりをやめたの」と聞きました。彼は言いました。「十歳の子どもは指しゃぶりなんかしないもんだ」

オルポートは、「これらの現象をいろいろ詮索して、心理分析をし、納得できる答えを探そうとしても意味はない。こういうときは、起こったことは事実なのだから、それをそのまま受け入れなければならない。もし完全に証明できる答えを探してやっきになるなら、神経症になる」と言います。

オルポートは、そのような現象は、人間の問題を扱うときには避けられないのであって、人間の世界の中に起こることにはあいまいさや不確実、偶然は付いて回る。成熟した人間は、あいまいさと不確実さを受容することができると言います。

現代人は、十九世紀から二十世紀にかけて急速に発展してきた、いわゆる科学の知に支配されてきました。端的に言えば、考えて分かる、目で見て実証できることが本当のことであって、考えて分からないもの、目で見て実証できないことは本当のことではない、という考え方に支配されてきました。

しかし、人間は、考えて分かる、目で見て実証できることだけで、物事を処理し、結論づけて生きているわけではありません。なぜか、どうしてか分からないが、とにかくそうなってしまった。でもそのおかげで無事に生きている。偶然の出会いとしか思えないが、幸せがそこから生まれた。まったく予期しなかったのに思いがけなく助かった、などといった経験をお持ちの方は少なくないのではないでしょうか。

信仰者としては、そのようなあいまいさを粗末にしたくありません。世の中には神だけがご存じで、神にしかお分かりにならないことがあるものです。信仰に生きるとは、物事があいまいであればこそ、神しかご存じでない〈あいまいさ〉を私たちのものとすることが許される世界に生きるということでしょう。

ソノエビカワイソウ

鈴木もと姉妹が天に召されました。百二歳。この方を一言で表現するなら、才女という言葉がそのまま何の誇張もなく当てはまることに異を唱える人はいないでしょう。その才は、エッセイ、詩、短歌、翻訳、音楽、絵の世界にまで及びました。

この方の才の一端を表すエッセイを紹介しましょう。

ある時、夕食の材料を求めにトリ肉屋にトリを買いに行ったところ、トリ小屋にたった一羽だけ残ったトリがいて、トリ肉屋のおばさんが、ひょいと針金をトリの足に搦め、手許にたぐり寄せて、それを絞め、毛をむしって、はだかのトリを毛焼きし、「それでは産湯を使いましょうね」とおばさんはお湯の中にトリをつけた。それが新聞紙に包まれて、手渡されると先ほどまで生きていたトリがまだ温かかった。

店先で、おばさんがトリを絞めて、新聞紙に包んでくれるのを待つ間、おばさんにこんな話をした。朝方買ってきたエビを氷冷蔵庫に入れ、夕方食べようと出したところまだ生きていた。そのまま揚げ物にしようと思ったが可哀想で、それができず、他の人に揚げてもらった。生きているものが死ぬのを見るにしのびなかったからだ。すると、おばさんが言った。「ソノエビカワイソウ」。

（随想集『葦のしずく』から）

鈴木さんが、そのような話をしたのは自分の気持ちを紛らわそうと思われたのでしょう。エッセイは「ソノエビカワイソウ」というおばさんの言葉で終わっています。しかもカタカナ書きで。人は生き物を食べて自分の命を繋いでいます。注文したトリも先ほどまでは生きていました。エビという小さな生き物の命であっても、その生き物の命が断たれる瞬間を哀れと思い、エビが揚げ物となる断末魔の姿を見るに忍びないので人手に託した。優しい心情です。しかし、一片の同情心で命の断たれる瞬間から目を背けることは許されてよいことか。私が食べ、家族に食べさせるエビの死を人手にまかせるのは生き物であるエビに申し訳ないと知るべきではないか。

一片の同情心がいかに浅薄で自己中心的であったかを「ソノエビカワイソウ」という、おばさんの言葉で即座に知って、自分を悔いた瞬間をカタカナ書きにされたのでした。

私たちは、命あるものから命をもらって生きている事実から目を背けてはいけないのです。私たちが生きるために、トリも牛も豚も魚も死ななければなりません。神は創造の秩序の中に、これを食物連鎖として組み込まれました。考えてみれば、動物のみならず植物であろうと生き物です。だからこそ、自然が育んだ食べ物が持つ命への畏敬を損なうべきではないとの思いを深く込めた一編がここにありました。

答えのないところを生きるために

大江健三郎さんに『人生の親戚』という作品があります。ムーサンという知的障がいの兄と、交通事故で下半身不随になった、頭脳明晰な弟道夫の話です。

ある日、二人は伊豆高原に出かけた。兄が弟の車椅子を押して二人は崖の上の道を行くが、見ていた人の声に反応して弟は車椅子のブレーキをかける。車椅子を動かせなくなった兄は、そのまま歩いて空中に足を踏み出し、それを見ていた弟もブレーキをはずして敷石道を車椅子を前に進めて崖から墜落する。

私は、大江さんが『人生の親戚』をなぜ書いたかというテレビ講演を聞いたことがありました。大江さんは言います。

「このような出来事が起こると、人々は答えを知りたがる。そして結局のところ、弟は歩けないし、兄は事態がよく分からないので、二人は海に落ちたのだと結論づけて納得するかもしれない。でも、ここでは答えがない世界を設定している。弟がブレーキを引いた。兄は、車椅子を離れて自分で身投げした。弟はブレーキをはずして、坂なので車椅子はそのまま落ちた。そこには答えがない」

この小説の主人公は、自殺した兄弟ではありません。母親である倉木まり恵が息子たちに起こった出来事を答えのないままに受容していく物語です。彼女の生き方もまた苦悩と悲劇に満ちていることをお知りになりたい方は、『人生の親戚』をお読みになることをお勧めします。

大江さんが、この小説で主張するのは、起こった出来事を答えのないままに苦しみながら受容する生き方があってよいということなのです。いろいろな宗教的要素も織り込まれて物語の展開を助けてはいます。でも、安価な神の登場を許す宗教よりも答えのないところを生きる苦しみのプロセスそのものが、嘘のない答えとなっているということでありましょう。

私は、『人生の親戚』を読みながらドイツの女性神学者ドロテー・ゼレが書いた『苦しみ』を思い出していました。第二次世界大戦時下のユダヤ人強制収容所の出来事が引用されている著作です。過酷な状況の下にあって収容されていた子どもたちが脱走する。ほどなく子どもたちは捕まってしまいます。ドイツ兵は見せしめのため収容所のすべての子どもたちを一列に並ばせ、五番目ごとに銃殺したという出来事が書かれています。

ゼレは、「このような時には全能なる神、愛である神は、どこにもいない。もし、そのような神がいるのなら、すぐにでもやって来て五番目に並んだだけで殺されねばならない子どもを助けるはずだからだ。しかしながら、神がいますとすれば、五番目に並んだだけで殺される子どもと共に銃殺される神がいますのみだ。それは苦しむ神である」と言います。

彼女は、この神を十字架のキリストと重ねました。ゴルゴタの丘の十字架の出来事は、それこそ答えのない不条理の極みです。なぜなら、神が神を見捨てた出来事だからです。キリストご自身は、この極みに身を置いて「わが神、わが神、どうしてわたしをお見捨てになったのですか」と告白されます。答えのないところに身をおいた者の言葉そのものが、そこにあります。ここにこそ、答えのない苦しみのプロセスを生きる者に新しい視野を与えるものがあると言えないでしょうか。

命の価値はどこに?

自殺者が二〇一一年度まで過去十四年間にわたって毎年三万人を越えるという統計が警察庁から発表されています。二〇一二年度についても三月末までに六九三五名の人が自らの命を断ちました。人間は生きる本能と共に死ぬ本能も持っているとフロイトは言います。だからといって、自死が肯定されるわけではありません。

あるユング派の心理学者が「人間の問題は、命が始まる前と命が終わった後のことも考えないと解決しない」と言ったことがありました。このような生命観は現代社会では通用しないかもしれません。だが、うなずかせるものがあるのは事実です。

現代社会は、命を、生きている間の営みとすることをごく普通に受け入れてきました。社会の構造も機能も価値観も生きている間のことを基準にして構築されています。命に対する考え方もそのような価値観に影響を受けています。命は精子と卵子の結合に始まり、細胞の代謝活動の停止をもって終わりとします。その後は何もないとすることに私たちは何の疑念も持ちません。そして言います。「命は一つしかありません。大切にしましょう」と。だが、命は一つしかないとは、それを消してしまえば後は何もないことにもなり、何もないことをもって、逃れ場のないほどの苦悩を抱えた人に死を答えとする道筋を提供することになっているのではないだろうかとも考えられるのです。

高名な神学者バルトは、死を願う人に「あなたは生きるべきであると言ってはならない。あなたは生きることが許されていると言わねばならない」と言います。これが言わんとするところは、命は与えられたものだということです。

分子生物学者として著名な村上和雄筑波大学名誉教授は「生きた細胞と死んだ細胞を比べると、その組成はまったく同じである。しかし、一方は生きており、他方は死んでいる。なぜだか分からない。現代科学は生きているのは代謝活動があるからだと説明する。それは、生命現象の説明であって、なぜ、生きているかという根源的な問いには答えていない。宗教者は神や仏の働きと言うかもしれないが、私は生物学者だから、サムシンググレート(something great)の働きだとでも言う以外にない」と主張していることに注目が集まっています。

サムシンググレートとは、人間の知恵や力を超えた存在を意味します。その存在があって初めて、命があるということです。旧約聖書によれば、「主なる神は土の塵で人を形づくり、その鼻に命の息を吹き入れられた。人はこうして生きる者となった」（創世記二・七）とあるのをご存じでしょう。これを、子どもにとっては有益なおとぎばなしだが、大人にとっては単なる神話にすぎないとするなら、人の命が持つ根源的価値を見失うことになります。

一言で言えば、命は神からの賜物なのです。その意味において、命の質に優劣はありません。長寿を全うしようが夭折《ようせつ》の命であろうが、頑健な身体の持ち主であろうが明日しれぬ病の床に伏す身であろうが、その命は神からの賜物です。その命を今日一日生きていることを感謝したいものです。そしてまた、命が神の命の息によるのであれば、人生途上で折れた命もなお神の命の息の中にあると言えないでしょうか。

弱さは強さです

よく知られた精神病理学者たちの多くは、「弱さ」とでも言うべきものを持っています。またそこから逃げようとせず、それを土台に偉大な業績を残しました。ジグモント・フロイトは神経症に苦しみ、その結果が精神分析という偉大な理論を生み出すに至りました。アルフレート・アドラーは、幼少時に「くる病」に罹患しており、このことが彼の器官劣等説の理論展開に寄与していると言われています。人は弱点を持つことによって、成長していくのだという考え方です。カール・グスタフ・ユングは無意識の世界から生じるある種の幻覚とでもいうべきものを持っていましたが、かえってそのことを活かして、無意識の世界を深く掘り起こし、彼独自の無意識に関する理論を開発しました。無意識の奥底に人は元型と言われるイメージがあり、それが人生を動かすという説です。たとえば、男性は女性イメージのアニマ、女性は男性イメージのアニムスなるものを持ち、それによって結婚相手を決めるとか、人生にはトリックスターなるいたずら者が働いていて、急に運が

たからです。

アンリ・エレンベルガーは、その著『無意識の発見――力動精神医学發達史』上下巻（木村敏・中井久夫監訳、弘文堂）の中で、これらの人々は創造の病を持っていたのだと言います。「弱さ」、「弱点」と言うべき病がなければ、こうした偉大な理論は生まれなかったからです。

「弱さ」は大切な宝物です。自分の「弱さ」を知る者は、他者の「弱さ」に共感し、その「弱さ」を受容することができます。「弱さ」を「知る」とは、単に知識として知ることではありません。自分の「弱さ」と向き合い、体験的に「気付き」として捉え、それを対象化することを意味します。そうすることで、自分の「弱さ」に執着することなく、またそこから逃げることなく自分の責任で保持することができるようになります。そうなって初めて「弱さ」が、成長するための己の道具となるのです。

たとえば人を愛するという場合、言葉で言うことは容易《たやす》いでしょう。しかしこれを体験的に愛せざるを得ない真実にしようとするなら、裏切られた、拒否された、こじれた、意地悪をされた等々のいやな経験があってこそ、あるべき真実の愛が必然的に見えてくるのではないでしょうか。それこそ、自分の「弱さ」と向き合う経験をしなければ見えてこない世界でもあります。

その意味では、私たちは自分の経験の中で大なり小なり、日常の中で、「傷つく」、「辛い」、「苦しい」こと、それらをひっくるめて、自分の「弱さ」とでも言うべきことを経験しています。それらの中に、私たちを前進させる本物の「強さ」を発見するはずです。そのような視点から我が身を見れば、またひと味違った自分が見えるのではないでしょうか。パウロは言いました。「わたしは弱いときにこそ強いからです」(Ⅱコリント一二・一〇)と。

祈りが聞かれなかったと思う時

イエスは、「あなたがたの父は、願う前から、あなたがたに必要なものをご存じなのだ」(マタイ六・八)と言われました。その言葉に続いて「だから、こう祈りなさい」とあり、それに続いて、なじみ深い主の祈りが教えられます。祈れば願いは聞かれる、だから祈りなさいとはおっしゃいません。私たちが祈る前に、とっくに私たちのことは、ご存じであると言われているのです。だったら祈らなくても、と言いたくなります。しかし、天の父は、「だから祈りなさい」と言われます。あらためてここに告げられた「必要なもの」という言葉に注目すべきでしょう。

キリスト者詩人八木重吉に「主の祈り」という詩があります。彼はその詩の中でこう言います。

いのりの種子は天にまかれ
さかしまにはえて地にいたりてしげり
しげりしげりてよき実をむすび
また種となりて天にかえりゆくなり

祈りの種は天に蒔かれ、さかさまに生えて地上で実を結ぶとはなんという素晴らしい発想でしょう。祈りは地上から始まりません。天から始まるのです。地上で祈るときには、すでに結んだ実を手にしているというのです。祈りが聞かれるとはまさしくこのようなことなのだと思い知らされる詩です。

地上に祈りの種を蒔いて、枝葉が育って天に至ったかどうかを気にするのは、祈りには願望の成就が込められていると考えているからにほかなりません。祈りは願望の成就とは、いささか趣を異にします。

イエスは、天の父はあなたがたに必要なものは願う前からご存じである、だからこそ、それを踏まえて祈りなさいと説いておいでになります。祈ればあなたの願いが叶うとはおっしゃいません。八木重吉はそれを知っていました。ですから地上で祈るときには、すでにもっとも必要なよき実を手にしていると詠ったのです。

私たちは、しばしば願い通りに事が運ばないと、落胆したり、悔し涙に暮れたり、人生が暗闇に閉ざされたかのような日々を過ごすかもしれません。しかし、願い通りになる、ならないが、人生を決定するかどうかは分かりません。聖書が「あなたがたに必要なもの」と言う場合は、願いが叶った、叶わなかったを超えて、人生には「必要なもの」があることを意味します。

願い通りに事が運ばず、失意の中に首うなだれていようと、それはかえって天の父がくださった、なくてならぬ私たちの必要を発見する時であって、そのために祈りがあるのだと思うなら、願いが叶わなかったからといって、それで人生を決めつけることは早計です。

八木重吉の詩の世界をさらに押し広げるなら、失意に首うなだれる度合いが大きければ大きいほど、結んだ祈りの実が大きく、その重さを首がしなるほどに支える力を与えられているとも言えるでしょう。だとすれば、その人生になくてならぬ必要なものの手応えの大きさもそこにあると言えるでしょう。

いかなる時にも

クリスチャン・ドクターとして有名な精神科医の赤星進先生は、信仰には二通りあると主張し、その一つを「自我のわざとしての信仰」、他を「神のわざとしての信仰」と名付けました。「自我のわざとしての信仰」とは、あくまで「私」が信じる信仰であって、言い換えれば、自分が主役となって信じる信仰で、自己中心の信仰のことです。それに対して「神のわざとしての信仰」とは、神を主役とする信仰であって、神が「私」に働いてくださることを信じる信仰を意味します。精神科医である赤星進先生は、心の病を持つ人々にとって「神のわざとしての信仰」としての信仰はとても大切だと主張されます。神が働かれることを信じるなら、たとえ病を負ったままでも、その病を負いつつ生きることができるからです。

人格心理学者として著名なゴードン・オルポートは信仰のありかたには二通りあると主張し、自己中心的な信仰のありかたを外発的信仰、それに対し神中心的な信仰のありかたを内発的信仰と言っています。前述の赤星先生が言う「自我のわざとしての信仰」は外発的信仰にあたり、「神のわざとしての信仰」は内発的信仰に当てはまります。

オルポートは、この二つの信仰形態は私たちの中で互いに対立し、争っていると言います。例えば、神さまにすべてお任せしたから、これから先病気が良くなろうが悪くなろうが構わないと信じている反面、信仰があるのだから神さまが病気をいやしてくださると内心願っているような心理状況があるということです。このような内面的葛藤を経験しない信仰者はほとんどいないはずです。

オルポートは、いざという時には外発的信仰は役に立たないと申しました。信仰者としてこの二つの信仰の戦いを真剣に経験した人であればあるほど、いざという時、終わりの勝利を導く信仰はどうあればよいかをよく心得た人です。

キリスト教カウンセリングの目指すところ

二〇一六年六月三十日、拙著『キリスト教カウンセリングの本質とその役割』（キリスト新聞社）が、おふぃす・ふじかけ賞を受賞しました。おふぃす・ふじかけ賞とは聖学院大学の藤掛明教授（学術博士）が、その年度に発刊されたキリスト教カウンセリング関係の本のうち貢献度の高いものを取り上げて賞を呈する出版行事のことです。私の本は、発行年が二〇〇九年でやや古いのですが、特別に発掘賞として選ばれたのでした。

くどくどと経緯を書いたのは、理由があってのことです。一九八二年ルーテル学院大学の付属研究所として、デール先生共々「人間成長とカウンセリング研究所（ＰＧＣ）」（現在は形を変えて日本ルーテル神学校付属機関デール・パストラル・センターとして新発足）を立ち上げるにあたって、識者を集めて創設発起人会を開催したときのことです。いくつかの厳しい忠告、助言を頂戴したことがあります。「牧師は牧師らしく、聖書と信仰と祈りをもって、教会での相談事に当たるほうがよい」、「心理療法家や精神科医のまねごとはしないほうがよい。生兵法は怪我のもとだ」などの声もあったのです。また、神学者側からは「信仰の世界に心理学を持ち込むのはいかがなものか」という批判もありました。

しかし、いざ蓋を開けてみれば、カウンセリング講座は満席状態であったのです。かつ、受講者の多くは教会の役員クラスが多く、これを契機に教会の牧会現場はどのようなケア、援助のかたちがなければならないかが新しい課題として与えられたのでした。そのために、人間の心の問題にキリスト教信仰がどのように関わってきたかを歴史的に探り、また教会の側からもどのようなアプローチをしてきたかを再検討することとしました。幸いにして、私の若い頃の研究は歴史で、三十代にはそのために留学をしたのでしたが、案外それが役立ったのです。

人間の心の問題を歴史的に遡上すると石器時代にまで及びます。爾来、人間は心の問題を営々と追い求めてきました。十九世紀から二十世紀にかけて、人間の知恵の所産として心理学は発展してきましたが、そこに見るのはキリスト教との深い関係でした。残念なことには、近現代の学問は、哲学を除き宗教は特別な価値観に基づくとして一般的には宗教性を排除するかたちで発展してきました。心理学でもその傾向は例外ではありません。

しかしながら、今世紀に入り、とくにＷＨＯ（世界保健機関）の働きによって、宗教性（成熟した意味での）との関係抜きでは、人間の心の問題は、究極の答えを持ち得ないことが明らかになってきました。今回、賞を受けた拙著は、直接的に宗教性と心理の世界を関連づけていることはありませんが、底辺に信仰抜きでは人間の心の問題に、これでよしとする答えはないことを読み込んだつもりです。「これでよし」とは、人間の知恵による答えがないまま生き抜く決断を意味します。人間には、それがあれば、何事も恐れることはないのです。私はキリスト教カウンセリングセンターで学ぶ人たちに「ここでカウンセリングを学ぶことは答えのないところを歩む勇気を持つことを学ぶことになります」と申しております。

人は意味なくして生きることはできない

『夜と霧』で有名なオーストリアの精神科医ヴィクトール・フランクル（一九〇五―一九九七）は、「人は意味なくして生きることはできない」という言葉を残したことで有名です。同書は、霜山徳爾によって邦訳（一九五六年）が出されましたが、一九七七年フランクル自身によって改訂され、池田香代子による新訳（二〇〇二年）が出ています（いずれもみすず書房）。

同書は第二次大戦の最中、ユダヤ人強制収容所における絶望的な状況の中を生き抜いた人たちは、いかにして命を全うしたかを綴った記録であることはご存じの方も多いことでしょう。彼自身、一九四一年から四五年までを収容所で過ごし、自ら経験したこと、また収容所内で起こった出来事を可能なかぎり断片的なメモに記し、四五年四月米軍によって解放され、ウイーンに帰国した後、一九四六年『夜と霧』にまとめ上げたのです。同書は発刊と共に注目され、希望と苦悩の中に生きざるを得ない人々に光を与えた著作となりました。また精神科医でもある彼は、この強制収容所の経験を通して、実存分析療法（ロゴセラピー）という心理療法にまで発展させ、生きがいを失った人々に再び希望を与えたことでよく知られています。

彼の考え方は、単に理論を開発したというのでなく、飢えと死が身近に迫る過酷な強制収容所において、自らの置かれた状況に意味を見出した者のみが命を全うしたという事実に基づいています。

考えてみれば、人は意味のないところに身を置くことはほとんどありません。意味のないところに身を置けば、生きていても仕方がないと思うのみです。言い換えれば、人は生きるためには意味を必要としています。彼の著作に『それでも人生にイエスと言う』（春秋社）がありますが、たとえ、絶望的な人生が目の前に広がっていたとしても、その状況そのものに意味を見出すならば、なお、一歩前に向かって進む自分を発見するということをその本の中で強調しました。

しかし、フランクルは絶望的な人生の状況に対して、人が自分の側から問いかけ、そこにどのような意味があるかと期待をしても意味は発見できないと主張します。むしろ、自分が置かれた状況そのものが、自分に何を語りかけているかに耳を傾けないかぎりそこに意味を発見することはないというのが彼の基本的な主張なのです。旧約聖書の哀歌三章二八節に「軛《くびき》を負わされたなら、黙して、独り座っているがよい。塵に口をつけよ、望みが見いだせるかもしれない」とあるように、状況がいかに絶望的であれ、絶望そのものが語りかける答えに静かに耳を傾けることで、そこにどのような意味があるかを発見するのです。言い換えれば、置かれた状況に対して、自分という存在はあくまで脇役に徹し、状況がいかに絶望的であれ、その絶望そのものに主役の座を譲り渡さないかぎり、意味を発見することはないということです。意味は向こう側から来ると言ってよいでしょう。この姿勢はまことに信仰的であると言えます。信仰者の生き方もまた、主役の座を神に明け渡し、その立ち位置を取ることによって神の御心は何であるかに耳を傾けることができるようになるからです。

神は沈黙の中に

「夜なら空いているようですよ」と言われて出かけた岩波ホールはすでに満席。この時代、宗教性が臆面もなくむき出しにされた映画になぜ関心が集まるのか、その問いを消化するいとまもなく、スクリーンに、降りしきる雪と三角にとがった濃藍色の屋根と白壁のグランド・シャルトルーズ修道院が映し出されると、疑念は二時間四十九分の沈黙の流れに吸収されてしまいました。

フランス、アルプスの山麓に世俗から隔絶してひっそりと立つ、カルトジオ会男子修道院は十一世紀にケルンのブルーノによって創設されたと解説にありましたが、映画を見ると必ずしも世俗の生活とまったく無縁ではありませんでした。年に二度は家族と会う機会もあり、たまに麓の村まで出かけることもあったようです。世の中のニュースも修道院長から報告を受けたとありました。

修道士たちは、ミサを除いて日常の大部分を独房で一人過ごすことになっており、初めて修道志願をする若者も日曜日の昼食後四時間だけ許された会話の時を除いて、孤独と沈黙の生活を延々と生涯にわたって貫くと誓約しなければなりません。

だが、その日常があればこそ、生身の人間の営みがかえって鮮やかに浮かび上がっていました。畑に種を蒔き、台所で野菜を刻み、猫に餌をやり、バリカンで刈り取った頭髪を箒《ほうき》でちりとりに集め、聖書を読み、祈る。そしてストーブに薪を放り込む。その日常が自然の光と音だけで映像化され、生き物としての人間とその内なる精神の世界を見せる映画でした。それは聖と俗の絶妙なバランスであり、観る者をして修道院にいるかのような錯覚の世界に誘い込みました。

修道院の孤独と沈黙は、それ自体では意味を持たないことを教えました。とくに意味を強く感じさせるのは、修道士たちがこの世に生きる人間であることをさらけ出した院内生活のさまと、麓の村を時折訪ねるとき「村の中は注意深く歩くように」との修道院長の憂いの言葉から想像する世間との接触、そして修道院の庭に集まった家族らしい一群の訪問者たちの姿を重ね合わせて、世俗との繋がりがチラリと見える光景でした。だが、それがかえって今の時代にすっかり見えなくなってしまった、孤独と沈黙の世界を対比的に鋭く訴えていました。

映画を見た者は、現代社会は孤独と沈黙が持つ重大な意味を捨ててしまったことを意識させられたことでしょう。終幕に列王記上一九章一一―一二節がスクリーンに現れます。「主は、『そこを出て、山の中で主の前に立ちなさい』と言われた。見よ、そのとき主が通り過ぎて行かれた。主の御前には非常に激しい風が起こり、山を裂き、岩を砕いた。しかし、風の中に主はおられなかった。風の後に地震が起こった。しかし、地震の中にも主はおられなかった。地震の後に火が起こった。しかし、火の中にも主はおられなかった。火の後に、静かにささやく声が聞こえた」と。

主はおられないかのように沈黙の中にいます。現代人はこの真実をどこかに置き忘れています。映画「大いなる沈黙へ」は、この真実をこの時代の日常に発見する手がかりかもしれない。そう感じました。

信仰による明快さ

「あなたは、冷たくもなく熱くもない。むしろ、冷たいか熱いか、どちらかであってほしい」

（ヨハネの黙示録三章一五節）

宗教改革五〇〇年記念の年は過ぎましたが、改めてルターの信仰を振り返る、よい機会となりました。ルーテル教会はもちろんのこと、他の教会にあっても、ルターに魅せられたという声をよく聞きます。人によって、ルターが見せる魅力は異なるでしょう。ある人にとっては、強大な敵に敢然と立ち向かう勇気に魅せられることがあるでしょうし、また内面へ沈潜する思索の深さに共鳴する人もいるでしょう。私にとってのルターの魅力は、彼の言い分にはあいまいさがないということなのです。

通常私たちは、自らの生活を取り巻くさまざまな事象を説明しようとするときには、まず自分の知恵を駆使して、何らかの結論を得ようとするものです。けれども事が信仰の世界に及ぶとなると、いくら知恵を尽くしても、思索の片隅に何かしらあいまいさが残るものです。平たく言えば、考えたあげくに、その先をはっきりさせたいのだけれども、何かしら靄《もや》がかかったような状態から抜けられないと言ってよいかもしれません。「あなたは、冷たくもなく熱くもない」とは、そのようなあいまいな状態を指すと思われます。

冒頭にあげた聖書の言葉は、ラオディキアの教会の信徒に宛てられていることを考えれば、すでに信仰を得ている者として、信仰の世界にあいまいさを残してはならないとする警告を投げかけていると受け取るのが、聖書が持つ本来の意図に添うと思われます。ですから、それを受けて「むしろ、冷たいか熱いか、どちらかであって欲しい」と言っているのです。別の言い方をすれば、信仰の世界には、あいまいさを断ち切る明快さが必要であるということです。

その意味では、ルターの言葉は信仰による明快さに溢れています。たとえば、洗礼を受けたが、こんな自分でよいのかとぐらついている時「キリスト者は罪人であって、同時に義人である」にうなずくでしょう。心にいつも黒い影が差し込んでいて、こんなクリスチャンでよいのかと訝《いぶか》しんでいるとき「キリスト者よ、大胆に罪を犯せ、大胆に悔い改め、大胆に祈れ」にハッとします。どろどろした罪の世界から抜け出すことができません。どうすれば罪から逃れることができるだろうかと煩悶《はんもん》するとき「私が罪人であるというとき、私の罪は私にはない。私の罪はキリストにある」との言葉に、「そうか、キリストは私のために死んでくださったのだ」との確信が生まれるのではないでしょうか。

こうしたルターの言葉は枚挙にいとまがありません。でも、こんなことがありました。私の神学校時代、何かの拍子に「ルターと聖書」とつい言ったところ、当時神学校長だった岸千年先生から「ルターは聖書から学んで自分の信仰の言葉にしたのだ。だから『ルターと聖書』と並列的に並べるべきでない」と言われたのでした。つまり、ルターの言葉を聖書と同列にして、ルターを神格化するなという意味なのです。これも信仰的明快さと言えましょう。

信仰において譲らず、愛において譲る

年の暮れも押し迫った頃、ある半官半民の地方機関で局長をしておいでの方が「私の仕事先は工事用のトラックを多数使用しており、新年を迎えると工事の安全と交通事故が起こらないように神職を迎えて安全祈願祭を行うのがしきたりになっている。今までは自分はキリスト者だから神道儀式には出席しないことにしていたが、局長が出席しないと示しがつかないと言われた。こうした場合、どういう決着の仕方があるだろうか」と困惑気味に言われたのです。

そこで私はその方に申しました。「部下の気持ちを考え、神職による安全祈願祭に参列して、訓示の中で聖書の話をしたらどうですか。ルターは、信仰において譲らず、愛において譲ると言っていますよ」。「それは良い話だ。実行してみよう」とその方は納得。早速実行したところ、部下たちからとても良い訓示だったと言われたと報告がありました。

日本のような非キリスト教社会では、神事仏事にかぎらず、世間の習俗慣習に対してどのように対処すればよいかと悩むことがあるものです。そのようなときに信仰において譲らず、愛において譲るというルターの言葉は、良い示唆を与えてくれます。これは、彼の著作『ガラテヤ書大講解』の中で主張していることを要約した言葉ですが、異なる価値観の下に生きている人たちと接するときのキリスト者の生き方を鮮明に表すものです。

ガラテヤ書は、ガラテヤ地方の諸教会（小アジア中央部にある異邦人の教会＝現トルコ）にエルサレムからユダヤ的根本主義者たちがやってきて、異邦人といえどもユダヤ人と同じように割礼を受けなければ救われないと強固に主張し、それに同調する人たちが出てきて、混乱が生じたことが、パウロがガラテヤの信徒への手紙を書くきっかけになったのでした。

パウロは、ペトロには割礼を受けた人に福音を宣べ伝え、私には割礼を受けていない人たちに福音を宣べ伝えることが任されているのであって、救われるために割礼があろうが、なかろうが問題ではない、と主張していました（ガラテヤ二・一―一〇）。その立場から、彼は割礼に関しては自由な考えを持っていて、割礼の有無は問題ではない、むしろ大切なのは愛だと言います（ガラテヤ五・六）。

ルターは、こうしたパウロの自由な態度をガラテヤの信徒の手紙から読み取って、大講解の中で「愛は、どんな小さな事であっても譲歩して、私はすべてを忍び、すべてのものに譲歩しますと言う。しかし、信仰は、私は誰にも譲歩しません。すべてのもの、地の人々、国民、王、君公、裁判官などが、私に譲歩するのですと言う」と主張しているのです。これを一言で言うと、信仰において譲らず、愛において譲るとなるのです。

彼は「キリスト者は信仰に関するかぎりもっとも誇り高く、もっとも頑なで、髪の毛一本たりとも譲りはしない」と主張し、この点では「信仰によって人は神になる」（Ⅱペトロ一・四＝「神の本性に与る」）とまで言い切ります。信仰とは一途なものです。決して譲ることはありません。しかし愛はどのような人にも向けられ、忍びながらでも相手を包み込むように譲るのです。

信仰は神を現し、理性は神を隠す

この見出しは、ルターが直接言ったかどうかは定かではありませんが、彼の信仰理解を表す命題のひとつとして知られている言葉です。この言葉と出会ったのは、私の大学時代のことで、学生ＹＭＣＡ運動に参加していた頃でした。当時すでに知られていた北森嘉蔵、塩月賢太郎といった人々の指導を受けたのですが、中でも佐藤繁彦著『ロマ書講解におけるルッターの根本思想』に触れて語られた、この命題は今でも印象深く残っています。

ルターが言う「理性」とは、人が物事をごく自然に考える仕方とでも言うべき意味で使われていると思ってよいでしょう。その理解を下地に、理性が神をもっとも隠すのは十字架の出来事においてであると聞いたときは、意外な驚きでした。

それまでは、キリストが十字架上に死なれたのは、人間の罪を負うための自発的な犠牲行為であって、それほどまでに神は人間を愛されたのである、神は素晴らしいお方であるという程度の人間主義的な理解から抜け出していなかったのです。そこには、十字架の出来事は、私から遠いという印象が残るのを否めませんでした。

あらためて、ゴルゴタの丘の出来事を見るとき、人間の理性がもっとも強く働き、神を隠していることが分かります。それを象徴するかのように十字架のキリストを見上げる人々の言葉が行き交います。「神の子なら、自分を救ってみろ。そして十字架から降りて来い」であり、「他人は救ったのに、自分は救えない。……神に頼っているが、神の御心ならば、今すぐ救ってもらえ。」（マタイ二七章）がそうです。これらの言葉の向こう側に神を見ることはありません。

しかし、十字架がキリストを罪人として審く出来事となるためには、これらの言葉は必要なのです。なぜか。理性をもって神を隠すという愚を人は知らずして犯すのだという罪がキリストの十字架の死に現れるためなのです。

ルターはその愚の出来事を逆手に取って、人間の罪を暴き出し、さらにそれを掘り下げ、救いの出来事にまで深化させています。

「キリストは、今や神の子ではなく罪人である。かつて瀆神者、迫害者、暴力の徒であったパウロ、キリストを否定したペトロ、姦淫者、殺人者ダビデの罪を我がものとし、我が身に負われる。……それによって我々を罪から救い出してくださった。……このようにキリストが我々のすべての罪を負われるのを見ることは、我々の最大の慰めである」との彼の言葉の中に「私」の罪とキリストの死を重ね合わせて、「私」の救いを発見しない人はいないでしょう。

その慰めをさらに深く「私」のものとするためにルターは、こんなたとえを引いて説明します。「ある人がキリストの前に出て言う。『私はあなたのように（立派な人間に）なりました』と。それに応じてキリストは言われた。『私はあなたのよう（な罪人）になりました』と」（徳善義和訳『ガラテヤ書大講解』から。括弧の中は筆者の補足）。人の理性はキリストの前ではいかに無力であるかがよく分かるたとえではありませんか。

教会と一般社会集団、どこが違う？

多様性集団対均質性集団

一般社会における集団は、どこでも均質性を保っています。多くの集団はその集団に属するために適切な資質を求めます。そのために試験や面談をして一定の条件をクリアした人たちが集まります。それに対して教会は一定条件を満たした人が集まるわけではありません。年齢・性別を問わず、能力・資格を問題にしません。今日初めて教会に来た人もいれば、何十年と教会に来ている人もいます。多種多様な人が集まっている、それが教会です。

多様性、これが教会の特質です。要するに、いろいろな人間がいることができる、それが教会です。

自主的運動体としての集団対命令制度で動く組織集団

一般社会の集団は、多く組織体としての性格を持っているものです。ですから命令や制度・規則で動きます。しかし、教会はその集団を構成する個人の自主性で動きます。信仰者が自ら身につけた聖書に基づく倫理観や価値観はありますが、それらを管理することはできません。効率的に物事をこなし、目覚ましい実績をあげることを目的にした集団ではありません。

必要な無駄、無駄働き、非効率、それらが意味を持つ集団です。

気持ちが優先する人間集団対生産効率で動く集団

教会は、損得、あるいは生産効率で動く集団ではありません。ですから業績をあげるとか、自分の気持ちを抑えてでも誰かの配下に付く、誰かの命令に従うといったことはありません。上下関係なし、肩書き抜きで一緒にいるのです。そうなると気持ちが人間関係を作ります。気持ちは、人の本音を表すものです。人の本音が行き交い、温かい感じに満ちているか、厳めしい空気が流れているか、教会ごとに雰囲気が違うのは、そこに集う人々の気持ちの表れによります。

隣人を愛する気持ちが優先する教会は活き活きしています。

差し伸べる手は小さくとも

以下はルターによるガラテヤの信徒への手紙三章七節以下の解釈です。

「……このこと（十字架の出来事）によって、全世界はすべての罪から清められ、贖われ、それ故に死とすべての悪から解放された。罪と死が一人の人によって取り除かれると、もはや神は全世界に聖と義のほか何もご覧にならない。たとえ、罪の残りがあったとしても太陽であるキリストの故に神はそれに目を留められない。

全世界の罪がキリストにあるなら、罪はこの世にない。全世界の罪がキリストにないなら、それはこの世にある」（徳善義和訳『ガラテヤ書大講解』から）

キリストは全世界の罪をわが身に負い、十字架に果てられた。だからこの世に罪はないとルターは断言します。驚くべき言葉です。おそらく、私たちの理性は、こう言うでしょう。「とんでもないことだ。世にはテロがはびこり、国と国は互いに争い、殺戮《さつりく》、暴虐、飢餓のニュースを聞かない日はないではないか。まだまだ人間の罪は、この地上に横行している。せめて、叶わないまでも罪無き世界をもたらしたいと小さな手助けをしてみたり、平和がやってくるようにと祈ったりするが、それで現実がどうなるものでもない。結局は、歯がゆい思いが残るばかりだ」

ルターの言葉は単なる気休めなのでしょうか、あるいは夢物語にすぎないのでしょうか。しかし、そうではなく、信仰の眼で心して読めば、改めて私たちに勇気と希望を与える真実がそこに見えるのではないでしょうか。

恵比寿にあるＪＥＬＡ（日本福音ルーテル社団）で行われているリラ・プレカリア（祈りの竪琴）の研修講座を担当した折、一人の女性から質問を受けました。「私の夫は、難民問題に関心を持ち、難民救済のためにドイツに行っている。しかし、難民は次から次へと押しかけ、いくら救援しても切りがない。夫のしていることは、このままでよいのでしょうか」という質問でした。世界には、一人の人がいくら手を尽くしても負いきれない難問が山積しているのは事実です。少々手助けをしても焼け石に水にすぎないと嘆きたくなるのも無理はありません。

そのとき、「ご主人は、キリストがご自身の死によって創ってくださった、罪のない世界を少しずつ掘り出しておいでになるのです」とルターの言葉に結びつけることに私は躊躇《ちゅうちょ》しませんでした。

考えてみれば、世界に山積するさまざまな問題は、国と国の対立であれ、テロであれ、虐殺、暴力、飢餓も含め、自分さえよければ、それでよしとする人間の罪のなせる結果です。最近では、害獣駆除と称して、せっかく増やした保護動物の命を奪うこともあり、家族同様のペットをそのまま町中に放置することすら起こっています。すべては自己中心的に動く人間の罪が引き起こしている現象がそこにあると言えないでしょうか。

しかしながら現実の人間は罪人であることから免れることはできません。その罪人が信仰を持ってキリストのわざに参与することができるように、あらかじめキリストは十字架の死をもって罪のない世界を創ってくださいました。そして、今もなおキリストはこの地上に働きかけて罪のない世界を創り続けていてくださいます。その世界を掘り出すわざは、たとえどんなに小さくとも無駄とはならず、明日への勇気と希望に繋がるのです。

自然災害に思う

日本のほぼ半分が豪雨災害に襲われてしまいました。その直前には大阪北部地震のニュースに驚いたばかりだったのです。被災者、犠牲者のために祈りを捧げる日々が続きます。関東近辺もまた油断できない事態を抱えています。北総地震の兆候に何となく不安を感じているのは、どなたも同じでしょう。

しかし、人為をもっていかんともし難い今回のような大災害はあくまで自然がもたらす現象であることを直視しなければなりません。人間はこの自然現象に意味づけする唯一の生き物です。何としてでも人間として納得できる答えを見出そうとします。たとえば、運命である、試練である、やがて時間が解決する等々の答えを探すのです。けれどもそれらの答えは、傍観者にとっては答えになるかもしれませんが、身近に犠牲者を出した人々、営々と築いた全財産を一瞬にして失った当事者にとっては答えとなりません。

これらの問いに対して人間の知の世界は無力を嘆くのみです。けれどもこの無力こそが神の知恵を呼び起こします。神は正しく神を求めることを無力を通して教えてくださいます。無力の中で、私たちはきっとこう言うでしょう。「どうしてあなたは私たちが大切にしてきたものを一瞬に奪い取られたのですか。あなたはなぜ人間に幸せでなく、災いをくださるのですか。あなたは祝福の神、愛なるお方ではないのですか」と。

しかし、主は言われます。

「わたしの思いは、あなたたちの思いと異なり、わたしの道はあなたたちの思いと異なると主は言われる、天が地を高く超えているように、わたしの道は、あなたたちの道を、わたしの思いは、あなたたちの思いを、高く超えている」(イザヤ五五・八—九)
神が示される道は私たちの予想をはるかに超えています。私たちが望む道と神が私たちに望まれる道ははるかに異なります。でも、その異なる道を選ぶ手立てを神は私たちにくださいました。それは、神に「委ねる」ことです。
「あなたの重荷を主にゆだねよ。主はあなたを支えてくださる。主は従う者を支え、とこしえに動揺しないように計らってくださる」(詩編五五・二三)
「委ねる」とは、「なるようになれ、後は運に任せて」とは異なります。委ねるとは決断です。信仰の世界への扉を開けることを意味します。「なかなか委ねることができなくて……」とつぶやく方の声も聞きますが、まだどこかに自力で何とかできる余力が残っているのでしょう。
信仰の世界は、すっかり自分を神に明け渡すことですから、勇気を持ってエイヤッと神の懐に飛び込まねばなりません。そこにはまったく違った世界が広がっているはずです。すべてを失った経験を持つ人は、この決断のみが前に向かって生きる道であることを知っています。無力を感じたとき、人はこの決断の前に立たされます。パウロは申しました。「それゆえ、わたしは弱さ、侮辱、窮乏、迫害、そして行き詰まりの状態にあっても、キリストのために満足しています。なぜなら、わたしは弱いときにこそ強いからです」（IIコリント一二・一〇）。

神はどこにいますか？

熊本でこのような大地震が起こるとは、「まさか」と誰もが思ったに違いありません。己の責任によらない不慮の出来事は人生につきものとはいえ、天災や不慮の事故、突然の病気は、常に「まさか」のこととして起こります。こういう「まさか」が起こると、しばしば「神はいるのか」、「こんな不幸をもたらす神は信じない」などという言葉が巷間《こうかん》を駆け巡るものです。

東日本大震災の直後、福島県のある教会から応援の依頼がありました。教会には保育園が併設されていましたが、園児の家はほとんど被災してしまったと聞きました。ようやく残った少人数の園児のために保育がなされているが、保育者も被災していて皆どうしてよいか分からない。応援に来てもらえないかとの依頼だったのです。阪神淡路大震災の時は、私もまだ体力があって、西宮の教会に泊まり込み、二十四時間対応の電話相談所を開設したこともありましたが、今の体力では難しいと判断し「何としてでも行きたいけれども、年も年だし、瓦礫《がれき》の片付けなどもできない。かえって足手まといになって迷惑をかけるから」と返事をしましたが「先生、いるだけでいいから」ということでありました。その声の調子からして深刻な事態がありありと分かる依頼でした。急遽《きゅうきょ》、他の先生に事情を話し、その先生に行ってもらえることになり、ひとまず安堵の胸を撫で下ろしたことでした。事態が危機を孕《はら》むときには「共にいるだけ」がもっとも重要な援助となることを知らされたのです。

ドイツのルーテル教会の牧師であったフリードリヒ・ブルームハルトは、「神は上から眺めておいでになるだけの方ではない。神は地上の神であって、人間がもっとも困難とする場をご自身の働き場とされる。だから地上のことがイヤになったからといって、そこから目をそらしてはならない。世の中がイヤになればなるほど、そこに神の働き場を見る」と言います。ノーベル平和賞を受けたエリ・ヴィーゼルというユダヤ系アメリカ人作家がいます。彼の母と妹はガス室送りとなって殺された経験を持つ人です。彼の作品にユダヤ人強制収容所での出来事を記した作品『夜』があります。一人の大人と一人の子どもが絞首刑に処せられます。大人はロープに吊されると程なく息絶えました。しかし、子どもは軽いので三十分もロープが首に巻き付いたまま苦しんだのでした。その情景を描写しながら、彼はこう言うのです。「わたしの背後で『一体、神はどこにおられるのだ』と尋ねる声が聞こえた。……わたしは、わたしのこころの中に、ある声を聞いた。『ここに、この絞首台に吊るされておられる』」

聖書の神は、〈共に苦しむ神〉であると言われます。ヴィーゼルはユダヤ教徒ですから、当然この声の後ろにイザヤ書五三章の苦難の僕の姿を思い浮かべたに違いありません。苦難の僕は新約に引き継がれると、それは十字架のキリストとしていっそう鮮やかに描き出されます。十字架の上でキリストは、こう言われました。「わが神、わが神、どうしてわたしをお見捨てになったのですか」と。ここに、苦しみをご自身に引き受けて、共に苦しんでくださる神がおられることを知る出来事を見るのではないでしょうか。

主の平和か、ローマの平和か

最初のクリスマスの頃、地中海世界に、エルサレムに近いベツレヘムの家畜小屋に生まれた男の子の誕生なんぞに関心を持つ者は誰もいませんでした。知っていたのは、ヨセフとマリア、異邦からはるばる旅をして来た、占星術の学者たちと野宿していた羊飼い、年老いた老人たち。そして空から祝福のメッセージを届けた天使くらいでした。

多くの人々の関心は、政治権力の中心地ローマを向いていたのです。とはいえ、最初のクリスマスを告げるマタイ福音書は、ユダヤの王ヘロデの名を挙げることに躊躇《ちゅうちょ》しませんでした。彼は宗主国ローマに忠誠を誓いつつ、ユダヤに権力政治の体制を築きましたが、港湾、道路の建設にもエネルギーを注いだ王でした。今日風にいえば、インフラ整備の大立者ですが、ユダヤ人にとっては、重税を取り立てる圧政者でもありました。税を納めない村があれば、遠慮なく破壊したので、民衆の反ローマ意識をますます駆り立てたのです。

占星術の学者たちからメシアがベツレヘムに生まれたと聞くや、彼は王権に固執するあまり、ベツレヘム近郊の二歳以下の男の子をすべて殺させたと聖書にあります。一方、彼はエルサレムに壮麗な神殿を建設したことで知られていますが、こうした非道な仕打ちに対する一般民衆の反感を宥《なだ》め、王権を維持しようとする一策でありました。

聖書は今一人政治的権力者の名をあげています。アウグストゥスです（ルカ二・一）。本名はオクタウィアヌスで、アウグストゥスはローマの元老院が彼に贈った称号です。紀元前三一年、彼はアクティウムの海戦でエジプトのクレオパトラと組んだ政敵アントニウスの軍船団と対決。両軍の軍船合わせて七百隻以上が入り交じる大海戦でしたが、ついに勝利を収め、アントニウスは自刃。その結果、オクタウィアヌスはローマに専制政治を確立して、ローマ帝国の初代皇帝となったのです。以来二世紀にわたる「ローマの平和」といわれる時代形成に寄与したことで知られるようになったのです。機を見るに敏なヘロデ大王は、それまで従っていたアントニウスが敗れたと知るや、たちまち身を翻してオクタウィアヌスの下に走ったのです。寄らば大樹の陰ということでしょうか。

ユダヤの民衆は、耐え難いローマの圧政から逃れるため、旧約に預言されているダビデ王のような強大な力を持つメシアの到来を期待しました。しかし、最初のクリスマスは大衆が期待する英雄のようなメシアの到来をもたらしませんでした。ヨセフと身重のマリアが、ガリラヤの町ナザレからベツレヘムへとはるばる旅をして家畜小屋で幼子イエスを産んだのも人頭税のために住民登録をする道中に起こったことであったのです。

だがこの政治権力によって強制された旅は、ベツレヘムにおいてメシアは誕生するとの旧約の預言を成就することとなった（ミカ五・二）のは歴史の皮肉と言うべきでしょうか。

こうして神の子は飼い葉桶の中に眠ることとなりました。英雄のように地上に君臨するメシアの姿はクリスマスの中にありません。神の国の王は地上において低くされねばならないのです。「見るべき面影はなく、輝かしい風格も、好ましい容姿もない」（イザヤ五三・

二）のです。

しかし、このお方によって、ローマの平和ならぬ「主の平和」が地上にもたらされました。その出来事がクリスマスです。

「聖書はキリストが横たわる飼い葉桶である」とルターは言います。

幸せを取り戻す季節、クリスマス

クリスマスが近くなりました。サンタクロースが年末商戦に登場する季節です。私たちが目にする近代サンタクロースの原型は、聖人ニコラス（二七〇頃—三五〇年頃）であると言われています。これをハッドン・サンドブロムが一九三一年に入って、コカコーラの宣伝キャラクターとして現代の貨幣経済社会に再登場させたというわけです。これがども教会のご機嫌を損ねて、サンタクロースは金儲けの宣伝マンであるとしてやや敬遠されることとなりました。

しかし、よくよく考えるとサンタクロースは、その本来的役割からして貨幣経済社会のまった中に登場することで、「カネ」の流れに目を凝らす現代人が見失っているものは何かを、もう一度取り戻す機会を与えている重要人物と言えます。

それは、「幸せ」という目に見えない贈り物の贈り手だからです。人は皆、幸せになりたいと願っている。でも貨幣経済の社会に生きていると目に見える「カネ」を手に入れたいと願うばかり。そのために人は賢くならなければと願います。しかし、賢くなったからといって、幸せになる保証はどこにもないのです。

サンタクロースは、その「幸せ」をクリスマスプレゼントというかたちに託して二十世紀の貨幣経済社会の中に登場しました。だが幸せのプレゼントを届けるためには、ありきたりの手段ではその役割を果たせません。だから彼は空から真夜中にトナカイが曳《ひ》くそりに乗って煙突からやってきます。「幸せ」は想定外の方法でやってくるというわけです。しかもそのプレゼントは子どもに与えられます。そもそも子どもは貨幣経済の世界の仕組みや価値観に支配されていないからです。だからプレゼントは、この社会で生きるために賢くなる努力をしたご褒美《ほうび》ではありません。その証拠にクリスマスプレゼントは赤ん坊だってもらいます。赤ん坊はまだ賢いのか、そうでないのか分からないのに、一生懸命頑張ったこともないのに、ただ「いる」だけでプレゼントをもらいます。

それを象徴するのは、ベツレヘムの家畜小屋での出来事です。三人の占星術の学者たちは幼子イエスに持参した黄金、乳香、没薬を献げ、礼拝したのです。彼らにとって重要なことは、幼子がそこに「いる」ことでした。ただ幸せな気持ちだけが、そこに居合わせた大人たちを包み込んだに違いありません。

おそらく、これは現代にも通じるクリスマスの風景です。クリスマスイブの日。お父さんはクリスマスケーキの包みを下げて、喜ぶ子どもの笑顔を思い浮かべながら家路を急ぎます。ケーキがいくらだったとか、安く買えてよかったとは決して考えてはいないはずです。嬉しさをいっぱい顔に出して喜んでくれる子どもが「いる」ことだけが頭の中を占めています。子どもたちは、「ホラ、これっ！」と言って差し出されたケーキを手にして「嬉しい！」と言います。その瞬間、みんなが幸せになるのです。現代社会が見失っていたものを取り戻した瞬間です。クリスマスはこれを味わう季節なのです。

クリスマスツリーが持つ意味

今日われわれが目にするようなクリスマスツリーは宗教改革後の産物であって、ドイツから始まり今日のように盛んに飾られるようになりました。当初はもみの木を部屋の中に立てて、ビスケットやリンゴを吊るしたようです。またシュトラスブルクではツリーに色紙でつくった飾りものや砂糖の塊、パンを吊るしていたようです。ツリーに蠟燭《ろうそく》を灯す習慣は宗教改革者ルターによると言われています。私の在籍の教会では、しばらくの間、ドイツから蜜蠟の入った蠟燭を送ってもらって、リンゴや藁《わら》で作った天使や星や十字架をもみの木に吊したこともありました。蠟燭はやや危険ということで今ではリンゴを飾るのが慣例になりました。

　教会でもみの木をクリスマスツリーに使うのは、常緑樹が永遠の命を意味するからです。それは創世記二章に記された命の木に起源を持っています。命の木とは人間の命の根源は神にあり、人は自在に命をコントロールできないという意味があります。

　また聖書にはエデンの園の中央には命の木に加えて、善悪の知識の木があり、そしてその木から決して取って食べてはならないと神は命じられたとあります。善悪についての絶対的な判断もまた神の手に委ねられているのであって、人間にはそのような判断はできないというのです。しかし、アダムとエバは神のようになるという蛇の誘惑に負けてその実を食べてしまいます。その結果、人間の物事の善し悪しについての判断については、あたかも絶対者である神のように自分の主権を振り回す存在となったのです。そのこと自体にに罪の根源があるというのが聖書の主張です。罪というと悪いことをしたという印象で受け止めますが、聖書で言う罪の根源的な意味は、人間が神になり代わって世界の主人公になることを意味します。リンゴをツリーに飾るのは、それによって現代人はアダムやエバのように世界の主人公になろうとしているのではないかという警鐘を鳴らしているのです。

クリスマスの訪れを告げるアドベント（待降節）になると、家の扉にヒイラギなどを円く環にしたアドベント・リースを飾る家庭もあります。ヒイラギもまたクリスマスツリーと同じく常緑樹に象徴された変わることのない命の永遠性を表しています。また刺のあるヒイラギの環は十字架にかけられたキリストの冠を表し、その赤い実はその血を象徴するものです。今日ではアドベント・リースはクリスマスを迎えるにあたっての装飾になってしまいましたが、本来の意味からすればキリストの死と永遠の命の象徴なのです。

ヨーロッパ、ことにドイツから北欧にかけてのクリスマスの時期には、家庭のみならず、空港や銀行に至るまで、いたるところに蠟燭が置いてあるのに気付きます。この時期、北欧は寒くまた昼間が短く、長い夜の暗さのさなか、蠟燭の灯は太陽であるキリストが世の闇を照らす光であることを象徴しました。北欧ではこの時期ユール・ログと言われる大きな薪を燃す習慣があります。ユール・ログはクリスマスの前日から一月六日まで暖炉で絶やさず燃やすのです。もっとも太陽が弱くなるとき、蠟燭の火と同じく太陽の熱と光の回復を象徴するものでした。このユール・ログをそのままケーキにしたのがフランス生まれのブッシュ・ド・ノエルなのです。

クリスマスはなぜ十二月二十五日?

多くの人はクリスマスを十二月二十五日だと思っていますが、すべての教会がその日をクリスマスとしているわけではありません。ビザンティン帝国(東ローマ帝国)の東方正教会であるギリシア正教会、ロシア正教会、ルーマニア正教会では一月六日をクリスマスとして祝います。十二月二十五日をクリスマスとするのは、ローマ・カトリック教会とプロテスタント教会、それに一部の東方正教会なのです。

これはエルサレム教会を母なる教会としてユダヤ的伝統に忠実であろうとするのか、それとも異教的要素を取り入れて世界的な発展を遂げようとするのか、この二つの流れがクリスマスに影響を及ぼしているのです。

もともと初代教会はキリストの誕生に重きを置いていませんでした。むしろイエスの十字架と復活を大切にしたのです。礼拝を日曜日に守るようになったのもその日にイエスが復活されたことを重視したことによります。

一月六日はイエスの受洗日で、誕生とは直接関係してはいませんでした。むしろイエスが神の子としてこの世に来てくださったことを記念する顕現日でした。

四世紀前半頃まで教会はキリストの誕生にあまりこだわらなかったようですが、次第に時代が過ぎ、キリストは神であると同時に人であるとの神人両性説が説かれ、それが教会の信仰告白として取り上げられるようになるとキリストの人性についても神性と同じ重さで扱われなければならなくなってきました。

その結果、キリストが人であることを端的に表す誕生についても触れる必要が生じてきたのです。このことはキリストについて古い時代に書かれたマルコ福音書には誕生のことが記されておらず、時代が新しくなって書かれたマタイ福音書やルカ福音書には記されていることからも分かります。

またキリスト教がローマ帝国の中に勢力を伸ばすにつれ、異教世界に宣教をする上で、キリストの誕生から復活までをはっきりする必要が出てきたのです。

使徒言行録一七章にパウロがアテネに行ったところ町の至るところに神々の像があるのを見て憤慨したとあります。中には、知られざる神にと刻まれた祭壇さえあったと記してあります。こうした異教社会に何としても割って入らなければ宣教のわざを達成することはできなかったはずです。それほどローマ帝国の社会はギリシア・ローマ神話の神々が至るところで拝まれていました。

中でも十二月二十五日は農業神サトゥルナリアの祭で、その日はローマ暦の冬至の日でもありました。農民たちは常緑樹を飾り、飲み食いをして翌年の豊穣を願いました。またこの日はミトラ教の太陽を祭る日でもあったのです。メシアは「義の太陽」（マラキ書三・二〇）と呼ばれ、シメオンの賛歌（ルカ二・三二）にもあるように異邦人を照らす光でもあるので、一般民衆が盛んに集まるこの日をキリストの誕生日とすることに初代教会は躊躇《ちゅうちょ》をしなかったのです。伝道のために異なる宗教の祭であろうとそれを取り込んでわがものとする、そのたくましさは、この日本という社会への宣教にも求められるのではないでしょうか。

第三部

召命

神学校に行きなさい

私は一九三一年、北九州筑豊炭田の都市直方《のおがた》で生まれ育ちました。父は中堅鉱山技術者を養成する筑豊鉱山学校で数学を教えていましたが、私が三歳のときに結核で亡くなりました。両親共に日本福音ルーテル直方教会の信徒でしたから、父親の没後も付属幼稚園、教会学校（当時は日曜学校）に通い、教会は私にとってなじみの世界でありました。

教会の牧師夫人が羽仁もと子の信奉者で、地方の教会にしては珍しく、自由学園の幼児生活団のスタイルを取り入れた幼児教育を行っていました。思い返せば、私にとって伸び伸び過ごせた、かけがえのない時代でありました。

当時の教会の礼拝は、右が男性の席、左が女性の席に分かれており、幼い子どもたちは右に行ったり左に行ったりしていましたが、うるさいと叱られた覚えがありません。

クリスマスには青年たちが、当時の幻灯を使ってトナカイが曳《ひ》くそりに乗ったサンタクロースをスクリーンに投影します。そして、教会の煙突から入ってくる絵が映し出された瞬間、教会の玄関の扉を開けて、「良い子はいるか。悪い子はいないか」と大声をあげて入ってくるサンタクロースに子どもたちは大騒ぎでありました。もっともサンタクロースが担いでいる白い大きな袋の中身が気になってましたが……。こうした幼児期の体験は、後に牧師となる無意識の原風景となったのではないかと今になって思います。

一九四一年、太平洋戦争が始まり、戦時色が次第に濃くなる中、住んでいた家は空襲に備えて強制撤去となってしまいました。住むところを失い、私たちは親族を頼って田舎にある田川郡金田町（現福智町）にある小さな山荘に住むことにしました。やがて終戦を迎えたのは、旧制中学二年の夏でした。けれども一、二年経つうちに親族たちが外地から引き揚げて来て一気に人が溢れたため、住むところが足りなくなり、八畳間に二家族が同居という窮屈な生活となりました。

漆黒の闇の中で

その頃は多くの人がそうであったように、誰もが生きるために一生懸命で、食べられるものは何でも口にしました。

わが家もご多分に漏れず、いよいよ食べるに窮したあげく、母は意を決して住んでいた山荘からひと山越えたところにある芳之谷炭坑（石炭産業が斜陽化した後、キリスト者の運動「筑豊の子どもを守る会」が活動した福吉炭坑は山を越えた隣の炭坑）の坑夫寮の寮母となりました。個人経営の小さな炭坑で谷間に炭住（坑夫が住むハーモニカ長屋）が十数棟並ぶコヤマ（小炭坑）で、その一角に寮がありました。

私は寮の空部屋に寝泊まりし、坑夫が来れば相部屋という生活で、学校が休みの日には、ボタ（石炭以外の岩石）捨て、ドベ炭（選炭時に水洗いした後に出る粉炭の粘土状沈殿物）掘り、春夏の長い休みには臨時坑夫として地底にもぐっていました。

旧制中学二年から大学一年までの三年間の炭坑生活は過酷でありましたが、社会の実生活をまざまざと経験する年月でした。

夏休みを利用して坑内に入るときは切羽（石炭を掘り出す現場）で採炭の手伝いをしていました。石炭層の上下には十分に炭化していない部分や岩石がありますから、発破（ダイナマイト）を仕掛けて石炭ごと砕いて掘り出し、スコップでベルトコンベアに乗せるのが作業でありました。

大手の炭坑と違い、臨時坑夫が働くコヤマでは、アセチレンガスを発生させる装置を腰に着け、そこからゴム管を通して安全帽の額の部分にある灯口で灯を付けます。幸い私の働いた炭坑は坑内にメタンガスがなく、炭塵爆発の恐れもなかったので裸灯ですんだのです。発破を仕掛けて導火線に火を付けると、シュルシュルと燃えていく導火線を確認し、安全な場所に退避します。しばらくしてドーンと爆発すると爆風で灯が消え、それこそ文字通り漆黒の闇があたりを包むのです。目の前で指を動かしても何も見えません。

真っ暗闇の中にただ一人残されれば、それこそどうしてよいやら分からなくなるかもしれません。けれども、その闇の中には仲間がいるのです。日頃は下世話なことしか話さない人たちであっても、人がいるだけで安心している自分がいるのです。

私は現在、カウンセリングの世界に身を置いていますが、時折この経験を語ることがあります。行く手に答えがないところに身を置いたとしても、傍に誰かいればそれだけで希望を見失わないのです。失意の中にいる人を励ますときに、この暗闇で過ごした経験はどれほど貴重なものとなったかしれません。

しかしいずれにせよ、坑夫は肉体労働の中でも過酷というべきでしょう。

二十四時間三交代が普通のシフトでしたが、あるとき交代する相手がやって来ず、その肩代わりで連続労働になったことがありました。前日入坑して、翌日坑外に出たとき、朝なのか夕方なのか分からなかったことを覚えています。その日、炭坑の大きな浴場で炭塵で真っ黒になった顔と体を洗い流しました。すでに多くの坑夫たちが入った後のチョコレート色をした浴槽に疲れた体を浸すのは、まことに小さな幸せのひと時でありました。

大学に行きたい

こうした生活が続いている間も、母教会の牧師は私たち親子がどうしているかとしきりに案じてくれましたが、日頃の生活は日曜日の礼拝に行くゆとりをなかなか与えてくれませんでした。

高校を卒業する頃、ほとんどの同級生は大学進学を目指しており、それを横目で見過ごすには気持ちが許しません。どうしても大学に行くと母親に言うと、到底無理な話だと返ってきます。しかし、このままでは将来への見通しが立たず、炭坑から抜け出す以外にありません。学資くらいは自分で稼ぐと説得し、決して良好な勉学環境にいたわけではありませんでしたが、何としてもと願う私に合格通知をくれたのは鹿児島大学水産学部でありました。

一九五〇年頃の鹿児島は、桜島だけはその姿を変えることなく錦江湾に影を映し出していましたが、市中はまだ戦災の跡が方々に残っており、学校も焼け跡に建てられた木造校舎のままでした。戦前あったルーテル教会はなく、日本キリスト教団の教会に出席をすることにしました。そこで出会ったキリスト者の友人と共同で自炊生活をすることになり、後にルーテル教会員となる友人が仲間に加わって、三人で生活しました。八畳一間を三人で共有していましたが、そうでもしなければ生活が成り立たなかったのです。

鹿大の前身、旧制七高には学生ＹＭＣＡ（鶴陵会）がありました。しかし、戦争のため活動は中断したままでした。やがて復活しようとの話が持ち上がり、教団鹿児島教会と鹿児島城南教会（現鹿児島加治屋町教会）に属する学生を中心に活動を再開することになりました。そのうちルーテル教会も伝道を再開し、私はCSや青年会、教会書記などとして、結構忙しい教会生活をおくりました。

学生YMCAの活動に参加したことは、私にとって福音を信じる信仰とは何かを知る上で大切なことでありました。当時すでに『神の痛みの神学』で知られた北森嘉蔵、後に世界学生キリスト教連盟（WSCF）主事や日本YMCA同盟総主事を歴任する塩月賢太郎といった人々が指導のために各大学にやって来て学Yの指導にあたっていました。

当時は全学連が盛んに活動している時期で「君たちは神学的武装をしなければならない」と言われたものです。一面黒と茶褐色の殺風景な炭坑の世界から抜け出て来た私にとっては、学Yの集まりで語られる言葉は極めて新鮮でありました。読んだほうがよいと勧められた本が何冊かありますが、中でも佐藤繁彦の『ロマ書講解におけるルッターの根本思想』は、牧師となった後も愛読書の一つとなり、私にとって福音的信仰とは何かを知るよい土台となりました。

後になって、私は東京にある日本福音ルーテルむさしの教会を牧会することになりますが、この教会は中野区鷺宮にあった日本ルーテル神学校（戦時中は日本基督教団東部神学専門学校であったが、戦後ルーテル教会が教団より離脱することとなり、ルーテル教会の教職養成機関として再発足した）付属教会で、その時代から北森家は一家をあげて教会員でありました。奇縁というほかありません。

予期しない道

大学も二年になろうとする頃、神戸に信徒伝道者を養成するルーテル聖書学院が開設されることになりました。思いがけず母教会の牧師と昔からお世話になっているウインテル宣教師から、母に学院の寮母に来ないかという話があり、母は神戸に移りました。私は卒業期に入り、国家公務員試験に通ったことで、世話してくださる人があり、現地採用で某官庁の出先機関に就職ということになりました。

ところが、しばらく経ったある日、突然上司に当たる人から呼び出され、民間のとある食品加工会社に行くようにと言われたのです。返事を延ばしていましたが、人間関係の煩わしさから、あらゆることがいやになり、これではいけないと子どもの頃からお世話になっているウインテル宣教師に相談をすることにしました。

いろいろ話しているうちに「神学校に行きなさい」と牧師になることを勧められたのです。牧師になるとまでは思っていなかったので、どうして断ろうかと考えあぐねていました。この先生はデンマーク系のアメリカ人で日本福音ルーテル教会の初期の宣教師でしたが、日本の文化に深い関心を寄せ万葉集を変体仮名で読み、聖書は創世記からヨハネ黙示録まで日本語で暗記している人でした。略字で「学校」という字を書くとそれでは風格がないと言い、わざわざ「學校」と書き直させるほどでした。ウインテル宣教師は、誰からも敬愛されており、伯父も同宣教師から洗礼を受けており子どものときから世話になっていることもあって、この先生に言われるとすぐには断る理由が見つからなかったのです。

結局のところ「お金がありません」と返事をしたところ「費用は出してあげます。来年の神学校入学試験まで聖書学院で準備しなさい」と勧められたのです。そこまで言われると断れません。学院には学期の途中から編入し、翌年、当時中野区鷺宮にあった日本ルーテル神学校の門をくぐったのです。もし「神学校に行きなさい」という、あの言葉がなければ、今の私はありませんでした。そしてこれまた不思議なことに、大学は違いましたが、学Y時代からの友人も同じ神学校を受験、クラスメイトとして同じ釜の飯を食い、現在に至るまで家族ぐるみの交わりを持つに至っています。

考えてみると、私はよき師、よき友に恵まれて今日まで歩んできました。学Y時代の友人たちもまだ健在で教会で活動しています。すでに故人となった水産学部のクラスメイトの一人は、私がむさしの教会で牧会をしている頃、一家をあげて会員となり、教会会計の仕事を忠実に果たしてくれました。水産時代の恩師からは、私が牧師になったことを喜ぶ手紙を頂きましたが、そこには「内村鑑三も水産の徒であった」とありました。

パイプチャイムが響く町で

神学校に入学して、私は初めて自分で学資を稼ぐ生活から解放されました。幸いなことに米国のある女性が神学生のためにと遺産を寄附し、その利息が奨学金になっていて、それを支給されたからです。しかも学費の他、生活費も支給されたのです。当時まだ日本語の神学書がほとんどない時代で、テキストは英語かドイツ語。ヘブライ語、ギリシア語、ラテン語の文法も洋書で学ばなくてはなりませんでした。それらも支給されたのです。ページを開くとインクも紙の匂いも日本の本と違うのに感激したものです。

すべてが支給される神学校の生活は、十五歳のときから大学に至るまで、育英会の特別奨学金をもらったとはいえ、汗水流して学資と生活費を補うためさまざまなアルバイトに励んだことと比べると、まさしく雲泥の差でした。

神学校と大学院

神学校入学と同時に、「四年制大学を卒業した者は、立教大学の大学院に組織神学専攻のコースが設けられたので受験しなさい」という校長の岸千年先生からの通達がありました。同じクラスにいた学Y出身の友人と入試を受けることにし、二年の課程を一年留年して、神学校とダブルスクールで卒業しました。同じ年に修士論文と神学校の卒論を書くのは相当な苦労でしたが、それも神学校の支援があればこそでありました。

神学生にはいろいろな経歴を持った人物が多く、神学と無縁な理系、文系出身者はもちろん、中には社交ダンスの教師、駐留軍のPX（軍人や家族のための日用品や飲食物などを扱う売店。現在の銀座の和光もPXとして接収されていた）でバーテンダーをしていた者、フランス料理のコックの経験を持つ人物もいたのです。

クリスマスになるとこの人の出番で、神学生たちが寮の厨房に駆り出され、「ババロアを作るから卵の白身をかき混ぜて泡立てろ」とか、「キャベツのソテーを作るからキャベツを刻め」とか命令をするのでした。今なら誰でも知っているババロアとかソテーとか、田舎出の神学生にはこれまで聞いたこともない料理やデザートの名が出て来て、目をぱちくりするばかりでありました。

当時はまだ食料が十分でなく、寮の食事も一杯の丼飯と一汁一菜の時代。クリスマスになると、急に食事が豪華に見えたものです。

神学校では一時限と二時限の間にマティン（matin. 朝祷）が行われ、神学生が担当していました。夕方になると、近くの銭湯では、何人かの神学生が浴槽に浸かりながらその日の担当者の説教を巡って、「お前の今日の説教はなあ……」と辛辣《しんらつ》な批評をするのが恒例のようになっていていました。時折、東京神学大学で教えた帰りの北森嘉蔵先生も加わり、皆で裸談義が始まるので、同じ浴槽に浸かっている近所の人たちが目を丸くして聞いていました。

神学校の屋根から突き出た塔屋にはパイプチャイムが設置してあり、有志が交代で毎朝七時に鳴らしていました。時折、音を外したり、時間に遅れて鳴らすこともありましたが、かなり遠くまで聞こえるらしく、チャイムの音で起床する地域の人もいたようです。地域社会の人々も神学校を身近に感じていたのでしょう。中にはチャイムの音を聞いて教会に来たという人もいました。

伝道の訓練

卒業期になると最終学年の学生たちは、皆そわそわして誰がどこに赴任するかを気にしたものです。その頃は宣教師が多く、未開拓の地を選んで教会形成を目指し、伝道放送ルーテルアワーを使って伝道活動をしていました。多くの卒業生はこうした開拓期の教会に赴任するのが普通でありました。

赴任は五月初旬に行われる全体教会の総会後になるので、三月の卒業式からほぼひと月半、それぞれに過ごしていたようです。

私は熊本でブックモビル（図書や映写装置を積んだ車）を使って巡回伝道をしているエリス宣教師を手伝うことになりました。今回の熊本地震で甚大な震災被害を受けた益城はもちろん、熊本市近郊の町や村を、そして天草まで。洋裁学校や民家を借りて、小さな集会を開き、小学校の校庭に大きなスクリーンを設置して映画会を開催するなどの手伝いをしたのです。

これは私にとって、たいへん良い伝道の訓練になりました。何よりもキリスト教にあまり触れたことのない人々と接したときの感触を、肌で感じる得難い経験でした。また熊本にはルーテル教会が昔から持っている九州学院中学・高校、九州女学院中学・高校（現在は九州ルーテル学院大学）がある関係で、大抵の町や村には卒業生がいるという発見もありました。キリスト教教育は種蒔き土掛け運動であると言われますが、まさに土に種が埋もれていて、機を得れば芽を出す、それも伝道の一つであると、つくづく感じたものです。

教会活動と訪問伝道

最初の教会

こうして、神学校を卒業して赴任したのは、京都にある日本福音ルーテル賀茂川教会(当時恩寵教会)。一九五八年、二十七歳のときでありました。

赴任前に「誰もいないかもしれないよ」と言われていましたが、案の定、前任者との引き継ぎのときには二十五、六人くらいいた礼拝出席者は、次の日曜日、私が担当する最初の礼拝では私とオルガニストを入れて四名でありました。

教会は人数では計れないと思いつつも、現実はそういうわけにはいきません。幸いなことに当時、ルーテルアワーという伝道放送がラジオから流れていました。各地のルーテル教会には、この放送の通信講座を申し込んだ人たちの聴取者カードが毎月送られて来ていました。おそらく二百枚、あるいはそれ以上あったと思います。それを頼りに訪問伝道をすることにしました。

その頃は今日のように車があるわけでなく、電話さえありません。同じ頃教会に派遣されて来た宣教師が、「女性用の自転車があるから、それを使いなさい」と言ってくれましたので、カードを手に早速京都の街を走り回ることにしました。

しかし、訪問は決して容易《たやす》いことではありません。当の本人に会う前に家族から勧誘に来たセールスマンと間違われて追い払われたり、たとえ本人に会えても教会にはとてもと断られたり、「これからは教会に行きます」と言うので、次の日曜日に待っていると来なかったり、ということは珍しいことではありませんでした。あるときは午前中走り回ってくたびれたので、映画を見て帰宅したところ、ポケットの中に入場券の半券が入っており、映画を見たことが妻にばれて叱られたこともありました。

それでも、訪問伝道は、伝道の基本であると私は思っていますから、どこに赴任しても訪問は重視しました。神学校で教えているときには神学生に、「教会に赴任したら、すぐ訪問しなさい。百人の訪問は一年で終わる。聖書には『いかに美しいことか、山々を行き巡り、良い知らせを伝える者の足は』と書いてあるが、『口は』とは書いていない」とよく言っていました。足跡は残っても、口跡は残らないのです。

そのうち、アメリカの教会から、教会に援助するから電話か原付自転車か、どちらかを選ぶようにとの話がありました。じっとしていることが苦手な私は、五〇CCのバイクをもらうことにしました。これは小回りが利くので訪問に大いに役立ちました。

今は自動車の時代、早くて便利になり、雨にも困ることがなく、活動範囲も広がりましたが、訪問の際うっかりすると駐車違反になるので、注意が必要となります。時折、短時間の予定が長くなり、幾度か駐車違反の切符を切られました。今日でも自転車が相変わらず用いられるのは、小回りの利く機能性が評価されているからでしょう。

訪問は、私にとってもっとも有効な伝道手段となり、他の教会に赴任した場合も訪問を欠かしたことはありません。

忘れ難い思い出

京都時代のことです。ひとつの忘れ難い出来事がありました。教会も一応の落ち着きを取り戻して、礼拝もそこそこの人数になってきた頃のことです。京都は学生の街。教会に集まってくるのは学生が大部分でした。一九六〇、六一年当時、教会の神学的な中心はバルト神学でしたが、次第に実存主義的な影響を受けるようになってきました。私自身もそうでしたが、若手牧師の説教は、ややもすると実存主義的な傾向に流れ、人生論的な調子を帯びた説教が語られる時代でもありました。とくに学生たちにはそのほうが耳触りがよいので、何かと言えば、キルケゴールや、サルトルを持ち出し、時には椎名麟三や太宰治なども題材に挙げて学生たちと語り合っていたことを思い出します。

しかし、教会に来る学生たちの多くは決して豊かな懐事情を抱えているわけではなく、教会財政は相変わらず火の車でありました。当時公務員の初任給が一万八千円程度で、牧師給はその半分程度の七千円でした。そのうち二千円が私を迎えてくれた教会からの謝儀で残り五千円が本部から送金されてくることになっていました。ところがその二千円の分担金が出ない状態がかなり続いたのです。一九六〇年頃の物価がいかに安いとはいえ、食べるに窮することが度々でありました。

ある日曜日のこと、学生たちに交じって五十代半ばの中年男性が礼拝にやってきました。その頃、礼拝に見知らぬ中年の男性が顔を見せるのは極めて珍しい時代です。こういう人物が教会にいてくれれば献金の額も上がるかもしれないと、さもしい心が湧いてきたのです。訪問伝道は伝道の基本と心得ている私が早速、その方を何度か訪ねたのは言うまでもありません。しかし、しばらくするとその紳士は教会に来なくなりました。何度か自宅を訪問しましたが、教会へ気持ちが向いている様子はありません。

ある日のことでした。その紳士がひょっこり牧師館を訪ねてやってきました。「先生は、まだお若いからこのようなことを申し上げても失礼にはならないと思い、お訪ねしました」と挨拶もそこそこに話を切り出されたのです。そして「実は、私は別の教会で洗礼を受けました」と言われたのでした。私は何と答えてよいやら返事に困っていると「先生は、罪を教えませんでした」と次の言葉が飛んできました。私は反論するよりも瞬時にしてこの言葉の意味するところを受け取りました。キルケゴールやサルトルを説教で語ったとしても、神の言葉としての聖書を語ってはいなかったのです。

私はこの紳士が率直に、「先生は罪を教えなかった」と指摘してくださったことを感謝しています。この出来事がなければ、相変わらず生半可な人生論を説教で語っていたかもしれないからです。

東京教会へ

そうこうしているうちに、次第に教会員も増え、礼拝も三十名を超えるようになっていたと思います。三年ほどが過ぎた頃、神学生時代に派遣され教会実習をしていた東京教会の本田伝喜牧師から、目を悪くしたので来てくれるようにと招聘があり、東京に移ることになりました。

この教会は山手線の新大久保にあり、会堂が面した大通りは、今ではすっかり様変わりして、韓国を中心に東南アジア系の人たちで溢れ返るほどになっています。しかし、当時は閑静な住宅地が広がっていたことを想うとその変化振りに驚くほかありません。

この教会は一九二三年にこの地に会堂を建て、付属幼稚園もあって、地域の中に定着していました。けれども、戦争で焼け落ち、戦後復興したのです。本田先生の話によれば、空襲のときは、教籍簿と当座の必要品だけを持って逃げたとか。戦争が終わり、その教籍簿に記載された住所を訪ね歩き、散り散りになった教会員を集めて礼拝を再開したのでした。「牧師は教籍簿を命の次に大事にすべきです」は、先生の口癖でありました。

現在の新会堂は一九九六年、日本福音ルーテル教会宣教一〇〇年を記念して全国のルーテル教会からの献金も集めて建てられたもので、今では「牧師ROCKS」で知られる関野和寛牧師のもとに新しいタイプの伝道活動をしています。

本田牧師の働き

本田先生はよく訪問をする人でした。二度礼拝を休むと必ず牧師が訪問してくるか、おそろしく曲がりくねった金釘流の字で書かれたハガキが来るので、申し訳なく思い礼拝に来ると言う信徒もいました。人々は、そのような伝道スタイルに親しみを感じて、それがなければ信仰の世界に入らなかったという人も少なくありません。私自身もまた、在任中は、ひたすら教会員の訪問に時間を割いていました。

また教会員の就職や結婚などについてもよく面倒を見る牧会者でした。私もまた世話になった一人で妻と結婚するにあたり、仲人役を引き受けてもらいました。妻の両親に結婚の許しを得るため彼女の実家に行った際、妻の母親が心配したのでしょう。「牧師の給料はいかほどでしょう」と聞いてきたのです、私はこれは困ったと思いました。当時の牧師給はまことに薄給。それでは駄目と断られるにちがいないと思ったそのとき、本田先生は事もなげに「必要なものは与えられます」と答えられたのでした。これには相手の親も返す言葉がなく無事話は決まったのです。

先生は先見の明がある人で、その一つに老人ホームの創設がありました。関東大震災を契機に身寄りのない老人のために終《つい》の棲家《すみか》として一九二三年麻布に設置しましたが、一九三六年に現在地西東京市柳沢に移りました。当時としてはまだこのような施設は珍しく、都立浴風園に次いで東京では二番目に古い高齢者施設となっています。

私は赴任当時、この東京老人ホームに隣接したところにある、先生が引退後の住宅として建てた住宅に住んでいました。ホームは歩いてすぐ隣なので、毎朝七時十五分から居住者のための朝の礼拝を担当することとなりました。

しかし、いかに短い礼拝といえども、日曜日を除いて毎日となれば説教の種が尽きてしまいます。ほぼ一年が過ぎた頃、施設長の松永チマさんと話をしている折に――この方は先生の右腕のような人で、老人ホームを取り仕切っておいででした――朝の礼拝の説教に話が及び、つい愚痴っぽく、「松永さん、このところ説教の種切れで毎回天国の話ばかりしています。違う話ができないものかと苦心しているのです」と言ったところ、「毎回、天国の話でいいのです。皆、天国の話を喜んで聞いています」と返事が返ってきました。高齢になると天国に関心を強く持つようになることを教えられました。以来、遠慮なく天国の話をするようになったことは言うまでもありません。

ある日、礼拝が終わると一人の老人がやって来て私に幾ばくかのお金を渡しました。「私が死んだとき、これで皆さんに葬式饅頭を配ってください」と頼むのです。もちろんお金を個人が預かるわけにはいかないので、ご当人と相談してホームで預かってもらうことにしました。高齢者にとって死は重大な関心であることを、つくづく感じた出来事でありました。

先生については、神学大学設置を進めたことも忘れることはできません。

元々ルーテル神学校は、旧制の神学専門学校として設立していましたが、戦時中、すべての教派は日本基督教団として統括されていました。キリスト教は敵性宗教と見なされ、軍部の統制が取れるようにとの国家意識が根底にあったと思われます。やっと戦争が終わると、かつての教派は海外教会の支援の下に独立して伝道をするようになったのです。神学校も戦時中は東部神学専門学校として日本基督教団に属していましたが、ルーテル教会が教団より離脱するに伴い、返還されることになりました。それに伴い日本基督教団では井の頭にキャンパスを移し、現在の東京神学大学となったのでした。

結果、旧ルーテル神学専門学校は各種学校となり、私が入学したときは卒業しても学士の資格はなく、高校から直接入学した学生は内容的には高度な教育を受けていても社会的には無資格という矛盾を孕《はら》むことになっていたのです。これではいけないとの声が起こり、大学の資格を得るべく文部省との折衝に当たったのは先生でありました。

その尽力によって専門学校は日本ルーテル神学大学となり、さらに名称を変更してルーテル学院大学として存続することになったのです。そのあたりの事情については、『ルーテル学院大学一〇〇年記念誌』に詳しく記述されています。

この神学校を大学化することと老人ホームのような福祉の働きは、一見したところ別のようですが、設立した日本ルーテル神学大学が神学という名を残しつつ神学コースとキリスト教社会福祉コースの二コースを持つようになったのは、ルーテル教会が全国に多数の福祉施設を有していることがその背景にあります。これは教会と社会を結ぶ絆である以上に、教会のミニストリーとして奉仕の働きをする意味がありました。

米国留学へ

一九五五年神学校入学時のクラスメイトは九名でしたが、比較的英語のできる者が多く、内五名は留学をしています。私自身も牧師になった以上、グローバルな視点を持ちたいと思い、かつ歴史に関心がありましたので、アメリカのオハイオ州スプリングフィールドにあるハマ神学校（現在はキャンパスをオハイオ州コロンバスに移し、トリニティー・ルーテル神学校と改称している）に留学することになりました。一九六四年でありました。

当時、神学校は一八四五年に設立されたウィッテンバーグ大学の美しいキャンパスの一角にあり、多くは州内からの学生でしたが、香港のルーテル教会からの留学生もおり、中にはアフリカ監督メソジスト教会、東方正教会からの学生も在籍していました。神学生の多くは結婚しており、夫婦共神学生というカップルもありました。時には臨月のお腹を抱えて授業を受けている光景を見て、微笑ましいというよりそのたくましさに感心したものです。

私は当初留学先としては別の神学校を考えていたのですが、ルーテル教会の信条集解説書で知られた『福音的信仰告白の遺産』の著者W・D・オルベック教授がいると聞いて、そこに決めたのです。ただし、留学期間は二年と制限があったため、その間を単なる聴講生で終わりたくないと考えました。すでに立教大学大学院で修士号は取得していましたから、そこではオルベック教授の下で論文を書き、STM（Master of Secred Theology）を取得することとしました。

あるとき、ドイツのマルブルク大学教授で著名なケーゼマンが来て聖書の非神話化についての講演がありました。終了後、一人の神学生が「あなたはマリアの受胎告知についてどのような説教をするか」と質問しました。彼は平然として「マルブルクではケリュグマ（宣教）と関係がない部分については説教しない」と答えたことを覚えています。つまりマリアの受胎告知は神話だから説教の対象にならないということです。私はこれを聞いて、宣教の現場に立つ牧師はどうするだろうかと疑念を感じざるを得ませんでした。

現地の日本人と共に

やがて一年が過ぎ、妻と子どもが来ることになりました。そこで、寮を出て、大学が家族を持った学生のために用意した家に住むことになりました。元教授住宅だった古いコロニアルスタイルの家で、部屋は九つあり、いささか広すぎる感はありましたが、住んでみると持て余すこともなく、快適でありました。そんな広い家に住んだことがないということもあったからでしょう、大学の学部には日本からの留学生も三名ほどいて、ぶらりと立ち寄る場になっていきました。家族にとっても息抜きになったと思います。

留学はもう五十年以上も前のことですが、今、グーグルマップのストリートビューで当時住んでいたあたりを見ると、その家は今もそのまま残っていて懐かしい思いがします。

また、スプリングフィールドの西側にはライト・パターソン空軍基地があり、この町にも日本に駐留していた米国軍人と結婚して家庭を持った日本人女性が何人か住んでいました。いわゆる戦争花嫁と呼ばれた人たちです。

たまたまひと組のカップルと出会い、さまざまな問題があることを知りました。そこからこうした人たちの集まりを持つようになりました。ただ近況を話し合い、お茶を飲むだけの緩やかなグループ活動でした。それでも、米国人の夫も含めて、日本語で自由に話せる場は他にないので、とくにカウンセリングをしたというわけではありませんでしたが、ストレス発散には役立ったかと思います。

二年間の留学期間が終わり帰国も間近い頃、ひと組のカップルが働きかけて、市長より戦争花嫁たちのために貢献したという表彰状をもらいました。

再び牧会の場に

二年間の留学はあっという間に過ぎました。「君は寒いところにいたから、ちょうどいいだろう」との声がかかり、一九六六年、札幌教会に赴任することになりました。確かにオハイオ州は比較的緯度が高いので、おそらく札幌より寒かったのは間違いありません。

この教会は一九一六年フィンランドのルーテル教会から派遣された宣教師によって開拓され、古い歴史を持つ教会でした。会堂と幼稚園を持ち、幼稚園はとくに有名でありました。北大への末端コースに位置付けされていたからです。

礼拝出席はさほど多くはなく平均三十五、六名でありました。幸い前任者の残した五〇CCのバイクがあり、これを武器に訪問をすることにしました。札幌の人口はその頃八十万人くらいなのでバイクで走り回るにはちょうど良いサイズの町でありました。

歴史を重ねた教会にはよくあることですが、名簿の上では教会に繋がってはいても、毎週の礼拝に足が遠くなった会員が少なくありませんでした。足は遠くなったとはいえ、教会を忘れたことはない人たちですから、訪ねると喜ばれ、滞った月々の維持献金を差し出す人が多く、会計係の教会役員からは喜ばれたものです。

京都時代のように教会に来たことがない人を訪ねるのとは違って、玄関払いをされることはありません。ただ冬場にバイクで走り回るのは危険を伴います。冬の長い北海道はその点よくできていて、バイクの車輪にチェーンを付け、寒風を防ぐハンドルカバーに手袋をした手を入れてハンドルを握り、足には滑り止めのついたゴム長靴をはいて、両足を凍った地面に着けて滑らせながら低速でトコトコ走るのが常でした。それでも何度か転びましたが……。そのうち、もっと大きいバイクがよいだろうということになり、一緒に働いている宣教師の世話で一二五ＣＣのバイクが与えられました。

それに力を得て、ルーテルアワーの聴取者カードを頼りに開拓伝道も始めました。最初に選んだのは室蘭でした。工業都市であり、人口も多かったからです。室蘭の中心地に行くには、室蘭本線の東室蘭から分かれた支線に乗り換えねばなりません。札幌からは百キロは離れているので、訪問もしばしばとはいかず、毎回手紙で集会案内を出していました。けれども誰も来ない日が続き、一年たらずで閉鎖し、伝道は失敗に終わりました。

次いで始めたのは登別温泉での伝道でした。大きな温泉旅館で、毎月一回の集会を持つことにしました。マッサージを客に施すために働いている視覚障がいの女性たちのために聖書の学びをしたいので、来てくれないかと要請されたのです。札幌からは、室蘭に行くよりもやや短い距離ではありましたが、なにしろ山道が多いので宣教師に手伝ってもらいました。

集会は二年ほど続きました。やがて、その集まりの世話役の人が函館に帰ることになり、また、私自身もむさしの教会に招聘されたのです。札幌での生活が終わりに近くなった頃、その人は札幌教会の礼拝で洗礼を受け、函館に移りました。いろいろな苦労を抱えた人たちでしたから、聖書を読むにも自分の境遇、生き方に直結するような豊かな学びの場であります。

こうした訪問や開拓伝道の活動をしているうちに、札幌教会自体の礼拝出席者も増え、四十名近くになった頃でしょうか。役員会では自給の話が出るようになりました。自給するということは牧師給のみならず活動費も含むわけですから、月々の維持献金を負担する教会員に相当な負担がかかると判断し、私自身は反対したのですが、役員会は自給するとの決定をしました。それならと私も腹をくくり、赴任して一年と少し経ったばかりでしたが、自給に踏み切ったのです。

自給した年は皆頑張りましたが、翌年になると毎月が火の車でした。幼稚園はあっても園からの補助はないので、教会員の献金による以外に道はありません。この財的危機を乗り越えるにも訪問が大いに役立ったのです。一日バイクで走り回ると、ポケットには封筒に入った献金がずっしりと入っていました。会計係の役員さんに「ハイ、これ」と渡すと、「これで今月は何とか凌《しの》げます」との返事。こうした自転車操業のような自給体制も、じっくりと腰を据えた歴代牧師の働きでさらに発展し今日まで続いていることは感謝のほかありません。

信徒の自主性による献げものをもって自給するということは、単に事業がうまくいくということとは質が違うことをつくづく思わされました。ある種の勢いがなければならないのです。勢いというのは感情の世界ですから、いつまでも続くというわけにはいきません。しかし、感情の世界はクオリア（感覚の質）を持っているものです。もし献金をお金として考えるなら、最初の意気込みは盛んであってもやがて萎《しぼ》むことでしょう。しかし、感謝のしるしと受け止めるなら、単なる情緒的勢いで終わることはないことを知りました。

町の教会を目指して

激動の時代に

むさしの教会に赴任したのは一九六九年でした。前任の石居正己先生が神学校の専任となり、その後任として招かれたのです。

この年、神学校は三鷹に移転することになっており、私が着任したときは引っ越しの真最中でした。それまでは神学校付属教会としての性格を強く持っていて、それがある種の特質を教会に与えていました。しかも常日頃利用するバス停の呼称も「神学校前」となっており、良い宣伝となっていました。神学校が移転するとなれば、今後の宣教方針を考えねばなりません。「神学校が移転するそうだ。むさしの教会はダメになる」という噂すら聞こえてきました。

役員会ではすでに町の教会になるという骨太の方針は固めていました。その具体策としてCSを中心にすると決定し、そのための予算も教会本体から支出することとしました。CS教師については、青年たちの力を借りることとし、その点では問題はありません。問題は教室をどのように確保するかでした。会堂はすでに神学校の外にありましたが、CSについて言えば、これまで神学校の教室を存分に使わせてもらっていたので、何とか工夫しなければなりません。当座のこととして旧神学校にあった四畳半あまりの物置を引っ張ってきて教会の庭に置き、石居記念館と称し教室の一つとしました。前任牧師であった石居正己先生の名を冠するにははなはだ失礼でしたが、窮余の一策でありました。残りは会堂の二階、牧師館など、使えるところはフルに使って、なんとか百名あまりのCSを収容することとなりました。夏のキャンプも盛んに行いました。こうして町の教会として次第に定着するようになってきたのです。

音楽活動も盛んに行いました。当時、東京女子大教授で音楽家の池宮英才先生の肝いりで毎年イースターにはイースターコンサートを開催するようになり、二〇一九年には五十回目を迎えることになりました。さらにはクリスマスイブを音楽礼拝とし近隣から大勢の人々を迎える名物イベントになりました。今では、歴代牧師の一人大柴譲治先生のときに阿佐ヶ谷地域で行われるジャズフェスティバルの会場にもなりましたから、町の教会としての働きを果たす目的は達成されたと言えましょう。

ＣＳの働きに加え、重症心身障がい者のための伝道も特筆すべきことです。石居先生の頃から多摩ニュータウンのはずれにある島田療育センターの入所者のための礼拝を毎月行ってきました。これはドイツから派遣されてきたディアコニッセ、ヘンシェル宣教師の働きから始まった奉仕活動に端を発し、結果として重い障がいを負った人たちが六名洗礼を受けたのです。受洗の際、使徒信条を訥々《とつとつ》と三十分以上かけて告白するさまは、居合わせたすべての人に洗礼の重たさを知らせる感動的な出来事として今に至るまで語り伝えられています。

島田療育センターの入所者については、もう一つの大きな働きがありました。毎年夏、ヘンシェル宣教師は軽井沢でディアコニア・キャンプを催していました。このキャンプの中心的活動をむさしの教会の青年たちが負ったのです。また女性会にはキャンプの炊事洗濯を担当してもらいました。この活動を通し献身へと導かれた青年が数多く出たことは感謝すべきことでありました。

また、この時代は学園闘争が盛んで、教会もまた社会に出て行かねばならないと多くの教会で青年たちが叫んでいました。時にはそれが暴力にまで及ぶことがありましたが、ルーテル教会では一部の神学生が学校封鎖をしたこと以外には暴力に発展することはありませんでした。学生も教師も互いに相手をよく知っていたということもあったでしょうし、先生たちも学生の言い分に耳を傾けることに徹していたからでしょう。

もちろん、むさしの教会に集う青年たちも当時の風潮の影響は受けていましたが、なにしろ学校は封鎖されていて校内に入れず、行き場がないので教会に寝泊まりをして夜遅くまで討論をしていました。しかし他の教会のように荒れたことはありませんでした。私自身、教会は礼拝共同体であると主張し、礼拝を重視する姿勢は崩しませんでした。その根底には島田療育センターの人たちがおり、その人たちも教会という信仰告白共同体を構成する一員であり、礼拝を共にすることが当然であるとの意識が教会の中に根付いていたからです。この人たちへの関わりを福祉的援助とは考えませんでした。障がいがあろうとなかろうと共に人間として生きている仲間であり、そしてまた、その障がいということの世的にはマイナスイメージがあろうと、それ自体がこの社会に打って出る証であることを教えられたからです。

キスラー宣教師の活動

むさしの教会にはキスラー先生（故人）という宣教師がいました。日本人の信仰がどちらかといえばシリアスであるのに対して、信仰の明るい面を与えた人でありました。シリアスであることは真面目、真剣という点ではよいとして、幾分頑なな印象を与えることは否めません。この先生とは十八年間一緒に働きましたが、非常に積極的な行動家で、「教会には来るものだと皆考えているようですね。教会が教会員のところに出かけて行きましょう」と逆発想を持ちだし、「出かけてくる教会」という家庭集会を始めたことがありました。また宣教師がいる教会では通常行っているバイブルクラスも設けました。バイブルクラスとはいうものの聖書以外の本も幅広く読んで皆で話し合っていました。

先生はまた宣教師館を開放して家族も含めて自分たちの日常を開放してくれましたから、これは英語を学ぶ以上にアメリカ人の日常を知る機会にもなったのです。

また、キャンピングカーでアメリカ本土を走り回る旅行も行いました。観光も含めつつ海外の教会の実態に触れたことは、教会員にとってもよいグローバルな体験となったのでした。

海外からの宣教師を迎えると、来日した宣教師に日本への理解を深めてほしいという希望を持つことが多いかと思いますが、キスラー先生の活動を通して、その背後にある海外の教会を知る機会が与えられたことは、教会自身が広い視野を持つことになり、ややもすれば、閉鎖的になりやすい日本の教会にとってはよい刺激となりました。

教会の株分け

一九六一年に三鷹のヘンシェル宣教師館で開始された三鷹集会は、一九七五年、日本福音ルーテル教会が海外教会からの支援を断って自立することに伴い、新たに起こす事業計画のため宣教師館を売却することとなりました。それに伴いルーテル学院大学（当時はルーテル神学大学）の教室を借り、日曜日に礼拝を行うことにしました。当初は私とキスラー先生が交代で礼拝を担当しましたが、そのうち神学校の先生たちにお願いして三鷹集会の礼拝を担当してもらいました。

それからほぼ十年経った頃、次第に人数も増え、三鷹集会を教会として自立する目標を立てたのです。礼拝も教室からチャペルへと移り、自給教会として専任牧師を迎えることとしました。それには、チャペルの使用料、牧師給、活動費、牧師館を用意しなければなりません。そのためにむさしの教会では、神大の先生たち、そのご家族、また三鷹近郊に住む教会員に呼びかけて、趣旨をよく説明し、教籍を三鷹に移すように願い、子どもも含め、ほぼ六十人が三鷹に移りました。また当初の費用については中央線沿線の姉妹教会の協力を求め、発足当初から自給教会として成立することが可能となりました。その結果、むさしのではそれまで百人を越していた礼拝出席が七十五人ほどに減りましたが、勢いがついているときは不思議なもので、いつの間にか一年足らずでまた百人を越えるようになりました。教会もまたレジリエンス（自己回復力）を持っているものです。

カウンセリングとの出会い

一九八二年、ルーテル学院大学に「人間成長とカウンセリング研究所」（Personal Growth & Counseling Center. 略称ＰＧＣ）が設立されることになりました。所長のデール先生から「手伝ってください」と誘われ、それまで日本福音ルーテル教会の総会議長の責任を負っていましたが、任期満了となり、全体教会の行政責任から身を引いて、やや体が楽になっていたときでした。

教会というところはいろいろな人が来るところです。年齢、性別、資格を問いません。無条件に誰もが集うことのできる場を社会に提供しているので、通りがかりに立ち寄った人もいれば、何十年も教会に来ている人もいます。とくに生きづらさを抱えた人にとっては、この社会は住み難いところであるのに反して、来る者を拒むことのない教会はオアシスのような所です。むさしの教会にもそのような人がいましたし、とくに重症の心身障がい者との関わりは長く、また私自身もまた家族に障がいを抱えた者を持っていましたから、教会としてそのような人々に援助の手段としてカウンセリングを、という理念を持って設立されたPGCにスタッフとして参加することにしたのです。

しかしながら、私は臨床心理学を専門としていません。最初の留学も歴史を学ぶためでした。そこで、「もう一度アメリカに行って勉強してきてください」ということになりました。

サンフランシスコの近郊バークレーには、太平洋ルーテル神学校、カトリックの神学校二校を含めて九つの神学校がありますが、中にユニテリアンの神学校もありました。これらの神学校がカリフォルニア大学バークレー校大学院を中心にクラスター制度（Graduate Theological Union. 略してGTU）を設け、そのプログラムの一つに「臨床牧会教育」（Clinical Pastoral Education. 略してCPE）がありました。教会に持ち込まれるさまざまな問題を牧会者である牧師がどのように扱うべきかを臨床的に学ぶプログラムです。これを履修することとなり、神学校の援助を得て一九八二年渡米しました。

またPGCの所員はそれぞれに専門性を持つこととなり、ある者は家族療法を、ある者はサイコドラマを選び、私は交流分析（Transactional Analysis. 略してTA）を専門とすることになりました。日本で一応の基礎知識を身に付け、さらに上級を目指し、この分野では国際的にも知られたグールディングの下でTAによる再決断療法を習得するため、一九八五年さらに渡米し、サンフランシスコから南へ百キロほど離れたワトソンヴィルにあるグールディング夫妻が主宰する西部集団・家族心理療法研究所（Western Institute for Group and Famiy Therapy）で一か月間、毎日朝九時から夕方まであらかじめ設定されたプログラムに従って研修してきました。

海外からの参加者も多く、さまざまな職種の人たちが集まっていました。その中に四十代の女性トレーダーがいて、研究所のある牧場に自家用ヘリコプターで颯爽《さっそう》と降り立ったので、これには皆目を丸くしていました。研修に参加した理由は、株の売買には独創性が必要で、それを養うために参加したとの答えでしたが、新鮮な感じがしたものです。また、家具のデザイナーも参加していましたが、やはり創造性を養うためだと言っていました。もちろん心理関係者が大部分でしたが、他に小説家などもおり、ＴＡの応用範囲の広さを教えられました。

この研修は援助関係を構築するにあたって非常に有効に働きました。その後ＰＧＣの中に交流分析研究会を興し、大学の定年後も引き続きキリスト教カウンセリングセンター（ＣＣＣ）でさらにその働きを深めることができました。今は後継者に託しています。

時間は急ぐためより待つために

一九九〇年、二十一年間お世話になったむさしの教会を離任し、三鷹のルーテル神学校ならびにルーテル学院大学の専任教員として働くことになりました。

私は六十歳になろうとしていました。大学・神学校の専任教員といっても、これまで研究者として生きてきたわけではなく、三十五年の牧会現場にいた私にとってはことさら神学の専門領域があるわけではありません。強いていえばPGCとの関係で、実践的なカウンセリング分野やTAについては何とかなるであろうということでありました。

神学部門については、これまでの伝道牧会経験を活かすほかありません。幸い、三十五年の現場生活は、さまざまな経験を与えてくれましたから、それらを、これから牧師として現場に出る神学生に分かち合うことはできるであろうと思い、要請を受けることにしたのです。

教職者の前で話をすることがあれば、「私は神学者ではありません。牧師職の職人です」と言っていました。職人は経験しなければ一人前になりません。牧師もそれと同じように経験することで会得することが多いのです。現場で苦闘している牧師たちと話をしていると、話の中に私自身も経験してきたと同じような苦労があることに気付かされました。説教はもちろん、牧会処理であれ、教会の中の人間関係であれ、礼拝司式の身のこなし方であれ、あるいは訪問伝道であれ、現場では思わぬことが起こるものです。そうした問題の扱いに私の経験を分かち合うことができればと願いつつ、神学校・大学の教員時代を送りました。

ある大手の会社の役員を務め、定年後献身して牧師になった人がいました。その人がつくづく「教会は、なかなか事が進まないところですね。私が会社にいたときには部下の者に、あれをしてくれ、これをしてくれと言えば、すぐやってくれました。教会ではそういかない。頼んでもしてくれない。仕事が遅い。頼んだ仕事がどうなったか分からない。一向に事が先に進まない。どうしたらよいでしょう」と言います。

「教会は大手企業と違っていろいろな人がいます。粒揃いではなく不揃いなのです。思うように事が進まないのが教会です」

すると「若いときから教会になじんでいる人が羨《うらや》ましい。それが当たり前になっているんですね」との返事が返ってきました。

「そのうち慣れますよ」と答えましたが、教会の仕事はすべてにおいて時間をかけないとできないのです。時間は急ぐためより待つためにあるのです。教会には、効率性、利便性、快適性はふさわしくありません。人は教会に命と死を預けています。その委託に応えて、ゆっくりと手間暇をかけて人と接することが、教会の活性化に通じるというのは言い過ぎでしょうか。

神学生たちにはまたよく言う言葉がありました。「無駄働きを惜しまない」、「早く絶望と徒労に慣れなさい」、「どこの教会に赴任しても一生いる気構えで伝道しなさい」と。しかし、これは自分に言い聞かせてきた言葉でもありました。

牧会カウンセリングを見直す

二〇一四年、神学校ではそれまで続いてきたＰＧＣがその役目を果たしたとして、新しく教職者を対象とした機関を立ち上げることになりました。デール・パストラル・センター（Dale Pastoral Center. 略してＤＰＣ）です。私もＰＧＣ以来の関係があり、改めてスタッフの一員として新発足の手伝いをするように命じられたのです。

教職者を対象とする以上、これまで実践神学部門で取り上げられてきた牧会カウンセリングを改めて見直す必要があると私は考えました。従来の牧会カウンセリングでは現代社会が抱え込み、かつ教会の牧会現場に持ち込まれる問題を処理できないと考えたからです。その最たる理由は、教会のわざとなっていないことでありました。また今日の臨床心理学の中ではほとんど取り上げられることがありませんが、臨床心理の世界には歴史的に見てキリスト教信仰がかなりの比重で影響を与えていることが分かってきました。フロイトにせよ、ユングにせよ、キリスト教信仰との絡み合いの中で理論を発展させてきました。最近、しばしば取り上げられるようになってきたアドラーは、ユダヤ教からドイツ福音主義教会（ルーテル教会）へ改宗しています。

また最近の傾向として、教会に持ち込まれる問題を扱うに際し、牧師のみならず信徒も関わる時代となってきました。問題が多様化して、牧師一人では持ち堪えきれないからです。信徒との共同牧会が必要とされるようになったと言ってよいでしょうか。そういう意味から、私は牧会カウンセリングよりキリスト教カウンセリングという言い方が広い意味を持つと考え、この言い方を採用しています。ただし、キリスト教カウンセリングというと臨床心理学の中では、宗教カウンセリングの領域に位置付けていることもあります。そうなると特定宗教の価値観に基づいてカウンセリングをすることだとの印象で受け取られることがあり得るので、そのような誤解をあらかじめ払拭しておかねばなりません（その理論的展開については拙著『キリスト教カウンセリングの本質とその役割』を参照してくださるとよいと思います）。

さらには教会に持ち込まれる問題は多岐にわたると前述しましたが、牧会現場にいる牧師また信徒にとってその扱いは頭の痛い問題です。一人ではどう対応してよいやら、どこから手を付ければよいやら分からなくなるときがあります。その意味では、教会に牧師も信徒も学べる臨床牧会学が成立するとよいと最近考えるようになりました。

キリスト教カウンセリングセンター（CCC）

ＰＧＣに関わっている頃から、カトリック教会も含め、プロテスタント諸派から構成されたキリスト教カウンセリングセンターの働きに関与してきました。主としてカウンセリングに関心のある信徒対象の働きですが、一般信徒の他、教職者、臨床心理士、看護師、福祉関係の有資格者、医師も参加して、それぞれが抱える課題への対応を求めながら、設けられた講座を受講しています。専門職に従事する人々がキリスト教信仰の心理の世界に及ぼす効果に関心を寄せてくださることはたいへん喜ばしいことです。

また受講者のほぼ半数近くは、身近なところに精神疾患を持つ人、身体に障がいを抱える人、引きこもり、非行、発達障がい、認知症の人を抱えていることがあり、受講者自身が問題を抱えている場合もあります。それらの人々への援助をどのように行うかは大きな課題です。二〇一八年、こうした課題に少しでも応えようと障がい者を見守る家族の集まり「めぐみ会」が発足しました。有志によるヨガ教室も始まっています。また講座を全国レベルで受講できるようにビデオ配信による通信講座が二〇一九年五月より始まりました。CCCは託された課題を祈りながら一つ一つ取り上げて歩む途上にあります。主から与えられた冒険の旅とも言えましょう。

顧みれば土の器にすぎない私に、多くの支えの手が差し伸べられ、これまでの道筋を備えてくださった神の計画の不思議さに感謝のほかありません。

あとがき

最初に本書に掲載した八編の講演を企画してくださった日本ルーテル神学校並びに同神学校附属デール・パストラル・センター、キリスト教カウンセリングセンター、日本キリスト教団目白教会、日本福音ルーテルむさしの教会のご厚意に厚く感謝申し上げます。

講演の部については筆者の関心分野から選んで採録し、随想の部に関しては、折角の機会が与えられましたので、日本福音ルーテルむさしの教会むさしのだより編集委員会のご厚意により本書に転載したものです。召命の部については、伝道牧会の場で愚直に訪問伝道に徹したさまを記し、その経験から得たことを宣教の現場で苦労している同僚と分かち合うことができればと願っています。

また本書を執筆しながら、考えさせられたことは、いずれの教会であっても来会者の中に身体や精神の「いやし」を求める人たちが多いということでありました。これらの人々に対応するに当たって、単純に医療や福祉、あるいは心理の専門家に委託することが牧会上最善の策であるとは思われません。それぞれの分野の専門家と協力しながら、あるいはそれらの知識を援用しながら、教会のミニストリーとしての「いやし」を提供する臨床牧会学の確立が必要ではないかと感じました。すでに、その点に着眼した牧会者も増えてきましたので、その力を結集し、「いやし」を求めて止まない多くの人々への慰めと希望となる教会のわざとしての臨床牧会学の確立を強く願う者です。

改めてこれまでの歩みを振り返るとき、多くの方々のご協力があって今日に至ることができました。深甚の感謝を申し上げる次第です。とくに、講演1のテープ起こしの労をお取りいただいた浄土真宗厳念寺住職の菅原建先生に厚く御礼申し上げると共に、末尾になりましたが、本書の出版企画を提案していただき、有益な意見をくださったキリスト新聞社の金子和人氏にこころからの謝意を表するものであります。

賀来周一

二〇一九年　初夏

著者紹介

賀来周一（かく・しゅういち）

1931年福岡県に生まれる。鹿児島大学卒業、日本ルーテル神学校卒業、立教大学大学院修士課程修了（神学修士）、日本福音ルーテル教会牧師として京都賀茂川教会、東京教会、札幌教会、武蔵野教会を牧会。1964～1966年米国トリニティー・ルーテル神学校STM課程修了（STM）。1990年より日本ルーテル神学校・ルーテル学院大学専任教員、2000年定年退職。現在ルーテル神学校附属DPC顧問。1985年よりキリスト教カウンセリングセンターに関わり、理事長を経て、現在理事。

著書

『新版・実用聖書名言録』(2004年)、『365日の聖書』(2005年)、『新版・サンタクロースの謎』(2008年)、『キリスト教カウンセリングの本質とその役割』(2009年)、『自分を知る・他人を知る――交流分析を土台に』(2016年)、『聖書におけるスピリチュアリティー・スピリチュアルケア』(共著、2011年)、『災害とこころのケア』(共著、2012年)、以上、キリスト新聞社『心を病む人と生きる教会』(共著 、2012年) オリエンス宗教研究所、『スピリチュアルペインとそのケア』(ルーテル神学校DPC編、2015年) キリスト新聞社、他

装画：　今村麻果

装丁：　桂川　潤

土の器なれども――講演・随想・召命

2019年9月5日　第1版第1刷発行

著　者　賀　来　周　一

発行所　株式会社　キリスト新聞社

〒162-0814 東京都新宿区新小川町9-1　電話03 (5579) 2432
URL. http://www.kirishin.com
E-Mail. support@kirishin.com
印刷　モリモト印刷

ISBN978-4-87395-764-7　C0016（日キ販）